Bruce Chatwin, der inzwischen fast zu einem Mythos geworden ist und dessen Reisebücher zu den schönsten der letzten Jahrzehnte zählen, war auch Photograph. Die Motive seiner Bilder berühren vertraut, da sie auf die Chatwinsche Welt verweisen. Eine schön dekorierte Tür, eine zerfallene Hütte, ein Palast aus Lehm, Gesichter, Landschaften, Gesichter, die wie Landschaften sind, hin und wieder eine Szene, die eine ganze Geschichte erzählt.

Aufgenommen hat er seine Bilder in Peru und im Senegal, in Afghanistan und in Patagonien – und auch in England und den USA. Die begleitenden Texte sind skizzenhafte Impressionen, die überaus lebendig und sehr privat wirken, nicht zuletzt in den humoristischen Aperçus. Sie sind farbiger noch als die Bilder: »kornblumenblau, tagblau, wasserblau, sommerseenblau, vergiß-meinnichtblau«, schreibt er an einer Stelle über die Gewänder von Afrikanern. Er ist ein Meister im Erstellen der verblüffendsten Analogien, er erfaßt Wesentliches auf einen Blick und schildert es entsprechend prägnant, hat vor nichts Respekt und ist neugierig auf alles: ein Augenmensch und ein Reisender, für den das Unterwegssein letztlich Selbstzweck ist.

Bruce Chatwin, 1940 in Sheffield geboren, arbeitete bei Sotheby's und als Journalist bei der ›Sunday Times‹. Er starb 1989 in Nizza. Im *Fischer Taschenbuch Verlag*: ›Auf dem schwarzen Berg‹ (Bd. 10294), ›Traumpfade‹ (Bd. 10364), ›Utz‹ (Bd. 10363) und ›Was mache ich hier‹ (Bd. 10362) und zusammen mit Paul Theroux ›Wiedersehen mit Patagonien‹ (Bd. 11721).

BRUCE CHATWIN AUF REISEN

PHOTOGRAPHIEN UND NOTIZEN

Einführung von Francis Wyndham
Gestaltung von David King
Herausgegeben von
David King und Francis Wyndham

Aus dem Englischen von Anna Kamp

FISCHER TASCHENBUCH VERLAG

Frontispiz:
Bruce Chatwin im Hindukusch, 1964
Photo: David Nash

Veröffentlicht im Fischer Taschenbuch Verlag GmbH,
Frankfurt am Main, Dezember 1995

Lizenzausgabe mit freundlicher Genehmigung
des Carl Hanser Verlages München Wien
Die Originalausgabe erschien 1993 unter dem Titel
›Photographs and Notebooks‹ bei Jonathan Cape, London
© The Estate of Bruce Chatwin, 1993
© der Einführung: Francis Wyndham
Alle Rechte der deutschen Ausgabe
© Carl Hanser Verlag München Wien, 1993
Satz: Libro, Kriftel
Druck und Bindung: Clausen & Bosse, Leck
Printed in Germany
ISBN 3-596-13306-8

INHALT

Danksagung
9

Einführung
13

In Mauretanien
44

Der Weg nach Ouidah
72

Von der Hölle zum Himmel:
Vier Wochen in Afghanistan
130

DANKSAGUNG

Die Herausgeber sind Elizabeth Chatwin für ihre Ermunterung und Unterstützung in jeder Phase der Vorbereitung dieses Buchs zu unendlichem Dank verpflichtet. Wir sind dem Personal von Raum 132 an der Bodleian New Library für seinen liebenswürdigen Beistand und Tom Maschler von Jonathan Cape für seinen ungeheuren Enthusiasmus und seine wertvolle Mitwirkung außerordentlich dankbar. Dank schulden wir auch Judy Groves für ihre Mitarbeit bei der Gestaltung des Buchs und Ron Bagley für den Druck der Schwarzweißphotographien. Da Bruce Chatwin ziemlich sorglos mit seinen Photographien umging und nur minimale Angaben dazu machte, war es häufig schwierig (und manchmal unmöglich), den jeweiligen Gegenstand genau zu bestimmen. Für ihren kundigen Rat danken wir Thelma Saunders, Jonathan Hope, Richard Temple, Nicholas Gendle, Kasmin, Derek Hill, Alan Hollinghurst und Hochwürden Kallistos Ware.

Vorhergehende Seiten:
Prähistorische Höhlenmalerei, Rio de las Pinturas, Patagonien

EINFÜHRUNG

Nach dem großen Erfolg seines ersten Buchs, *In Patagonien* (1977, dt. 1981), kam Rebecca West zu dem für Bruce Chatwin höchst erfreulichen Schluß, die wenigen Photos, die es enthalte, seien so gut, daß sie jedes Wort des Textes überflüssig machten.* Die bewußte Übertreibung dieses Kompliments und die Tatsache, daß es listig als Beleidigung verkleidet daherkam, entsprechen dem Stil seiner eigenen Rede: impulsiv, voller Überraschungen, aber zugleich ernst und scharfsinnig. Wenige Freunde Chatwins betrachteten ihn als Photographen, doch er selbst sah sich als solcher und hatte gehofft, seine Bilder ausstellen oder in einem Buch veröffentlichen zu können. Als sehr junger Mann, der bei Sotheby's die Abteilungen für Antike und Impressionismus leitete, hatte er sich einen hervorragenden, wenn auch vergleichsweise esoterischen Ruf erworben als jemand mit einem außergewöhnlich unfehlbaren »Auge«; später erlangte er internationalen Ruhm als höchst origineller Schriftsteller, dessen Werke (Romane? Reisebücher?) aufregenderweise unmöglich in Kategorien einzuordnen waren. Dieser doppelte Erfolg war in unseren Augen vollkommen ausreichend. Ich habe Chatwin gewiß nie mit einem Photoapparat in der Hand gesehen – aber ich erlebe ihn ja auch nur in England und Wales, bei kurzen Aufenthalten zwi-

schen seinen Expeditionen ins Ausland, wo er angeblich auf der Suche war nach Nomaden, um seine wissenschaftliche Untersuchung über ihre Lebensweise vorwärtszubringen, wohin ihn jedoch letztlich sein leidenschaftlicher Wunsch trieb, selbst einer zu sein. Aber auch die Freunde, die mit ihm an die exotischsten Orte reisten, berichten, sie hätten kaum bemerkt, daß er dort photographierte: Er tat es, ohne viel Aufhebens zu machen. Viele Aufnahmen mögen verlorengegangen sein; aber auf den besten, die erhalten geblieben sind, können wir das »Auge« in Aktion sehen, das Sotheby's kommerziell auszubeuten gehofft hatte, das er indessen, eigensinnig und erfolgreich, von der Kunstmarktszene abwandte und auf die potentiell unverdorbenere Welt der Literatur richtete.

Die Bilder in diesem Buch haben nur beiläufig dokumentarischen Charakter. Chatwin wanderte nicht um den Globus, um mit der Kamera große Kunstwerke, außergewöhnliche Bauwerke, pittoreske Landschaften und wunderliche lokale Bräuche festzuhalten. Die Einzelheiten, bei denen er verweilte, hätten andere in vielen Fällen übersehen. Ihr Wert liegt darin, daß sie einen klaren Eindruck vermitteln von seiner Art, die Welt zu sehen – das heißt von einer streng organisierten, hochentwickelten und ungewöhnlich differenzierten inneren visuellen Landschaft. Sie sind überaus persönlich, aber keineswegs ichbezogen: Als Schriftsteller war Chatwin ein Anhänger Flauberts, und auch hier hatte er kein Interesse an subjektiver Selbstdarstellung. Ebensowenig sind sie Ausdruck des anmaßenden Wunsches, künstlerische Photos zu machen. Ein paar der Bilder aus West-

---

* Einige dieser Schwarzweißphotographien und andere, die nicht in diesem Buch verwendet wurden, den verwendeten jedoch ähneln, sind hier reproduziert. Alle Farbphotographien im Hauptteil des Buches (die mit einer Leica auf einem 35-Millimeter-Film aufgenommen wurden), sind hier zum erstenmal veröffentlicht, mit Ausnahme desjenigen auf Seite 35, das für den Einband der englischen Ausgabe seiner postumen Essaysammlung *Was mache ich hier* (1989, dt. 1991) verwendet wurde.

afrika erinnern auf verblüffende Weise an die abstrakten amerikanischen Maler der Nachkriegszeit (ein mit Streifen dekoriertes Boot läßt an einen Kenneth Noland denken, ein aus bemalten Holzplanken und Wellblech montierter Schuppen in einer Barakkenstadt ähnelt einem Rauschenberg), doch als Chatwin sie aufnahm, dachte er nicht: »Jetzt werde ich einen Noland oder einen Rauschenberg machen.« Ihn reizte, daß er auf die grundlegenden Elemente künstlerischer Inspiration in ihrer ursprünglichen, nutzbaren Form gestoßen war. Zu den Kunstbüchern, die ihn am stärksten faszinierten, gehörten *Art Without Epoch* (in dem ähnliche Werke aus gänzlich verschiedenen Kulturen nebeneinandergestellt werden – ein Pastell von Tizian neben eine Maske des japanischen No-Theaters, ein Terrakottakopf von Mazzani neben eine Bronze aus Benin), *Architecture Without Architects* (über so hochentwickelte »primitive« Kulturen wie die der Dogon in Westafrika) und *Bunker Archeology* (über Betonfestungen im Zweiten Weltkrieg). Ein möglicher Titel für die hier vorliegende Sammlung von Photographien Chatwins hätte *Kunst ohne Künstler* sein können.

Chatwin lebte (wie wir alle) auf mehreren Ebenen: auf einer sozialen, intellektuellen, sexuellen, moralischen, geistigen und, in seinem Fall vielleicht intensiver als die meisten, ästhetischen Ebene. Man könnte sagen, daß er ein ästhetischer Puritaner war – abgesehen davon, daß er einen erstaunlich katholischen Geschmack besaß. Aus seiner Zeit bei Sotheby's hatte er sich eine anspruchsvolle Lust am Exquisiten, Minuziösen, Komplizierten und perfekt Gearbeiteten bewahrt; doch diese Wertschätzung des Raffinierten ging mit einem Sinn für das Schlichte einher – für einfache Muster und ursprüngliche Materialien, für die Zweckmäßigkeit der Nomadenkunst, für das Wellblech und die bemalte Zeltleinwand in der Wüste. Er mochte Naturholz, das er nur mit Bienenwachs, nie mit Lack behandelte – Holz ist ein lebendiges Material, das von Lack erstickt, von Bienenwachs genährt wird. Sein Sinn für Farben war klar ausgeprägt – die in seinen Notizbüchern so oft erwähnten Farben Ocker und Indigoblau sind Symbole für Sand und Himmel oder Meer, und er liebte den symbolischen Gebrauch von Gelb, Blau und Rot in Flaggen. Zeitweise war er von der Symbolkraft der Farbe Rot besessen

(Feuer, Blut, Revolution) und erwog, eine Abhandlung darüber zu schreiben. Eins seiner Lieblingsstücke war ein großes, rundes, hölzernes Fischbrett, rot bemalt und mit einem hellblauen Streifen um den Rand, das er für ein paar Pfennige in Istanbul erstanden hatte. Im Topkapi-Museum hatte er eine Radierung aus dem 15. Jahrhundert gesehen, auf der Fischer in den Docks solche Bretter benutzen, und noch heute sind sie dort in Gebrauch, die Fische werden fächerförmig darauf ausgebreitet und auf dem Kai verkauft. Für Chatwin besaß es die Schönheit abstrakter Kunst, verbunden mit praktischer Zweckmäßigkeit, und sein Design war 500 Jahre lang dasselbe geblieben. Ich erwähne dieses Fischbrett willkürlich als eins von unzähligen Beispielen für seine eigenwilligen Präferenzen, Entdeckungen und Schwärmereien. Zweifellos könnte jeder seiner Freunde eine andere Liste aufstellen.

Diese seltene Synthese zwischen dem Kostbaren und dem Funktionalen, die meines Erachtens die Triebfeder seines visuellen Geschmacks war, ist auch ein hervorstechendes Merkmal seiner literarischen Sensibilität. In seinem Buch *Der Vizekönig von Ouidah* (1980, dt. 1982) wird eine extravagante Geschichte durch einen gedrängten Prosastil im Zaum gehalten; statt sie mit Adjektiven zu überladen, verdichtet er sie auf das Wesentliche. Werner Herzog, der sie unter dem Titel *Cobra Verde* verfilmte, versuchte mit krassen Mitteln, den Inhalt mit einer wildromantischen Bearbeitung zu paaren, und zerstörte die im Buch vorhandene subtile Spannung zwischen Üppigkeit und Beschränkung. Eine ähnliche Alchimie beflügelt *Utz* (1988, dt. 1989): Die barocke Schönheit Prags, die wahnwitzige Zerbrechlichkeit von Meißner Porzellan werden zusammen mit den unbarmherzigen Entbehrungen Osteuropas heraufbeschworen und schaffen eine Atmosphäre, in der die bislang getrennten Auffassungen von Eleganz und Ärmlichkeit auf magische Weise vereint sind. Bei der Lektüre Chatwins wird einem die *Kontrolle* des Autors deutlich bewußt – und zugleich auf berauschende Weise die verlockende Gefahr, die Kontrolle zu *verlieren*, die Dinge nicht mehr zu überblicken. Er erzählt so außergewöhnliche Geschichten, daß man beim Lesen geradezu seine funkelnden Augen sehen, sein leicht manisches Lachen hören kann – doch befolgt er stets höflich

Bruce Chatwin in London,
September 1977
Photo: David King

seine persönliche Version der klassischen Einheiten. In einem seiner Bücher, *Auf dem Schwarzen Berg* (1982, dt. 1983), sind Form und Inhalt allerdings nicht voneinander zu trennen. Bewußt kunstvoll wird uns eine bukolische Geschichte vorgetragen, aber es existiert keine verborgene Dichotomie zwischen Substanz und Stil; der Autor ist in seinem Thema aufgegangen, und dieses am wenigsten offenkundig »Chatwinsche« Buch ist in meinen Augen ein humanistisches Meisterwerk.

Er ließ fünfzig Notizbücher im Taschenbuchformat zurück, die meisten in einem glänzenden schwarzen Einband aus Kunstleder, das in Frankreich als *moleskine* bekannt ist. Zudem hat er ein paar größere Schreibhefte hinterlassen, aber es sind die leicht transportablen, fünfzehn Zentimeter langen und zehn Zentimeter breiten Bände, denen er seine unmittelbaren Erfahrungen mit Orten, Menschen, Büchern, Bauwerken und seine eigenen unzusammenhängenden Gedanken anvertraute. Es sind keine Tagebücher, obwohl er, wenn unterwegs, manchmal einem Eintrag ein Datum voranschickte. Auch vermitteln sie einen ungenügenden Eindruck von seiner ungeheuren Bildung; da er nur für sich selbst schrieb, hatte er es nicht nötig, sich in Erinnerung zu rufen, was er bereits wußte. Sie sind ganz einfach Teil der nützlichen Ausrüstung eines Autors, eine Anhäufung spontaner Notizen, die jede unvollständige Überlegung im Moment ihres Entstehens festzuhalten versuchen, in der zaghaften Hoffnung, sie möge sich eines Tages in einen druckreifen Absatz oder Satz verwandeln, und als eine sinnvolle Versicherung gegen späteres Vergessen. Alle seine sechs Bücher haben sich auf sie gestützt.

Die Auszüge, die ich gewählt habe, stehen nur selten in direktem Zusammenhang mit den Photographien, die sie begleiten, aber ich glaube, daß sie eine Vorstellung von seinem visuellen Hunger vermitteln, von der *Art* von Farben, Formen und Bildern, die die Aufmerksamkeit seines ewig neugierigen Blicks auf sich zogen. Auch enthalten sie lebhafte und oft heitere Schilderungen dessen, was unserem vagabundierenden Photographen in der realen Welt widerfuhr, der Schwierigkeiten, denen dieser unerschrockene Reisende auf dem Weg von A nach B bisweilen begegnete, und seiner liebenswert unstoischen Reaktion auf Unannehmlichkeiten und Verzögerungen. Der Kontrast zwischen diesen unbekümmerten Einträgen und seinem abgeschlossenen Werk könnte nicht größer sein. Mit der Integrität eines Flaubert bemühte er sich um die Vervollkommnung seiner Prosa, und ich vermute, daß kunstlose Spontaneität zu jenen Eigenheiten gehörte, deren Resultate er am wenigsten zum Ausdruck bringen wollte. Aber ich finde die Unmittelbarkeit der Notizbücher genauso aufregend und in ihrer Art genauso hervorragend wie die Ausgewogenheit und den Schliff seiner veröffentlichten Bücher.

Lange bevor er irgend etwas veröffentlichte – vielleicht sogar bevor er sich ernsthaft als Schriftsteller betrachtete –, hatte Chatwin die Arbeit zu seinem »Nomadenbuch« aufgenommen. Die Notizbücher sind mit Rohmaterial dafür gefüllt – Zitate aus beinahe jeder denkbaren Quelle, vermischt mit seinen eigenen Funden. Die meisten dieser Stellen habe ich in der nachfolgenden Auswahl ausgeklammert, um den visuellen Eindrücken den Vorrang vor den intellektuellen zu geben, aber ich kann nicht umhin, zwei Passagen zu zitieren:

Nomadenbuch
Ich muß mein verdammtes Buch auf eine vernünftige, klare Weise schreiben. Heute nachmittag habe ich die erste Seite aufgeschlagen wie jemand, der eine Briefbombe in die Hand nimmt. Es war schrecklich. Prätentiös. Aber noch immer gefällt mir: »Die besten Reisenden sind Analphabeten; sie langweilen uns nicht mit Erinnerungen.«
Dieses Buch entsteht als Reaktion auf das Bedürfnis, meine eigene Ruhelosigkeit zu erklären – verbunden mit einem morbiden Interesse an Wurzeln. Ich hatte kein festes Zuhause, bis ich fünf war, und danach *Kämpfe*, verzweifelte Versuche meinerseits, zu *entkommen* – wenn nicht physisch, dann durch die Erfindung mystischer Paradiese. Das Buch sollte unter diesem Aspekt gelesen werden.

Die metaphysischen Dichter hätten verstanden, warum Chatwin die Ruhelosigkeit so wichtig war; sowohl Henry Vaughan in *Man* als auch George Herbert in *The Pulley* haben sie als das entscheidende Attribut herausgestellt, das die menschliche Rasse von anderen Erscheinungen der natürlichen Welt unterscheidet, und als eine beständige Qual, die die Menschheit zu Gott führen kann.

Chatwin glaubte instinktiv, daß wahre Ruhe nur in der Bewegung gefunden werden könne: Er verbrachte Jahre mit der Sammlung von Daten (anthropologischen, archäologischen, philosophischen, geographischen, historischen, wissenschaftlichen, metaphysischen, mythischen Daten) für die Konstruktion eines Gerüsts, anhand dessen er diese Auffassung erhärten und als Theorie formulieren wollte. Einige seiner Entdeckungen und Argumente sind in *Traumpfade* (1987, dt. 1990) eingegangen, aber das Buch, das er über dieses Thema zu schreiben hoffte, wurde nie beendet. Er starb, noch bevor er fünfzig wurde, doch auch wenn er bis ins hohe Alter gelebt hätte, wäre dieses besondere Werk vielleicht unvollständig geblieben. So wie er Reisen als Selbstzweck verstand (als eine Verwirklichung der *Idee* von Flucht und Entkommen, aber einem Entkommen von nichts Besonderem und einer Flucht hin zu fast allem, eine Rundreise um die Erde, die dort enden mußte, wo sie anfing, um wieder von neuem zu beginnen), so hätte diese unmögliche *apologia*, mochten ihre verschiedenen Bestandteile auch noch so faszinierend sein, wohl kaum eine befriedigende endgültige Form gefunden. Und sein Sinn für Form (wie die Bücher, die er beendete, und diese Photographien bezeugen) war ihm ebenso wichtig wie seine rationale Reaktion auf Farben, sein sinnliches Gespür für Worte und seine grenzenlose Empfänglichkeit für Ideen.

Es war vielleicht diese letzte Eigenschaft, die seine Freunde am meisten an ihm schätzten. Er machte die Dinge ausfindig, für die man sich interessierte, und reagierte sofort darauf; nicht nur verstand er diese Interessen, er vertiefte sie auch, ließ nichts unversucht, um sie zu fördern, schickte Postkarten von erstaunlichen Orten mit relevanten, erhellenden Details. Bruce Chatwin hatte viele verschiedene Seiten und daher viele und sehr unterschiedliche Freunde. Ich habe erlebt, daß man ihm vorwarf, sie in getrennte Schubladen zu stecken, aber ich glaube nicht, daß es absichtlich geschah – er sah die Dinge nicht so. Tatsächlich weiß ich von mehreren Gelegenheiten, bei denen er sich bemühte, einander bis dahin unbekannte Menschen zusammenzubringen; aber er hielt sich selten lange genug an einem Ort auf, daß dies regelmäßig hätte geschehen können. Ein paar seiner Freunde neigen dazu, im Hinblick auf ihn etwas besitzergreifend zu sein (»*Mein* Bruce war der *wirkliche* Bruce«), aber er war es nicht, was sie anging. Nach Monaten der Abwesenheit tauchte er plötzlich wieder auf, und tagelang, manchmal wochenlang wurde eine stimulierende Beziehung unbeschwert und fröhlich wiederaufgefrischt, bevor er von neuem verschwand.

Die hohe Qualität seiner Bücher (die in der ganzen Welt Anerkennung gefunden hat) und sein verhältnismäßig früher Tod, der uns um weitere, möglicherweise noch schönere Bücher gebracht hat, haben eine Legende, einen Mythos, ein Idol aus ihm gemacht. Daran trägt er keine Schuld, und es wäre ungerecht, wenn sein Ansehen aufgrund einer verständlichen ablehnenden Reaktion auf die grundsätzliche Verlogenheit aller Legenden, Mythen und Idole leiden müßte. Doch als einer dieser Freunde muß ich sagen, daß tatsächlich etwas Außerordentliches, Brillantes, Unvergeßliches an ihm war. Ich hoffe nur, daß diese Photographien und Auszüge aus seinen Notizbüchern nicht als postumer Beitrag zur Schaffung eines Kults angesehen, sondern dank ihres immanenten beträchtlichen Werts gewürdigt werden.

F. W.

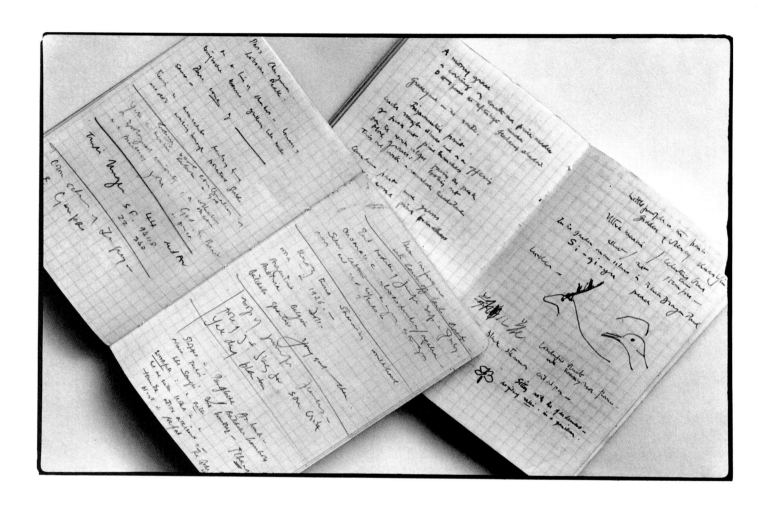

Oben und nächste Seite: Vier von Bruce Chatwins 50 Notizbüchern

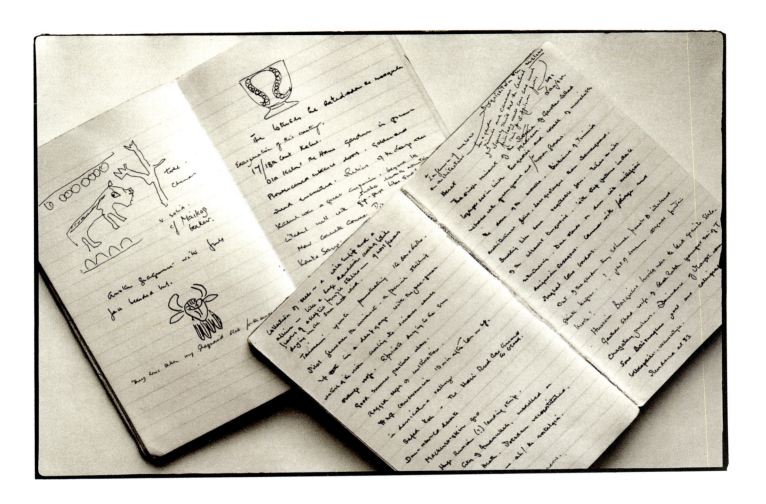

Oben und gegenüber: Die Gott-Schachtel. Chatwin photographierte nicht nur, sondern fertigte auch Collagen aus Materialien an, die er auf seinen Reisen gesammelt hatte, zerstörte sie aber alle bis auf diese eine. Die Rückseite besteht aus hellgrün bemaltem Holz mit einer weißen Schablone; auf der Vorderseite befindet sich eine bewegliche Glasscheibe, hinter der ein paar westafrikanische *jujus* (Objekte mit magischen Eigenschaften) vor einer mit dunkelblauen Pfauenfedern dekorierten Tapete angeordnet sind. In den Fetisch gehören das Trommelfell eines Löwen, ein getrockneter Gecko, eine Perlhuhnfeder, ein nicht identifiziertes inneres Organ und zwei in indigoblaues Tuch gewickelte Zehen einer Vogelklaue; es gab auch einen Affenschädel, aber der ist verschwunden.

Nächste Seite: Bahnhof von Jaramillo, Patagonien

Oben und gegenüber: Gebäude in Patagonien

Wellblechdächer

Oben und gegenüber:
Transport in Patagonien
Nächste Seite:
Nomadenzelt, Mauretanien

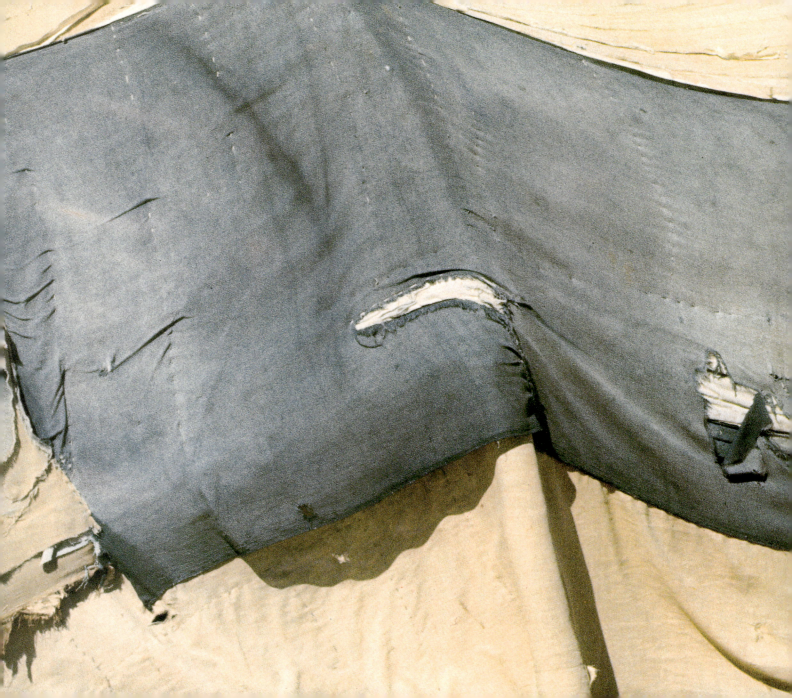

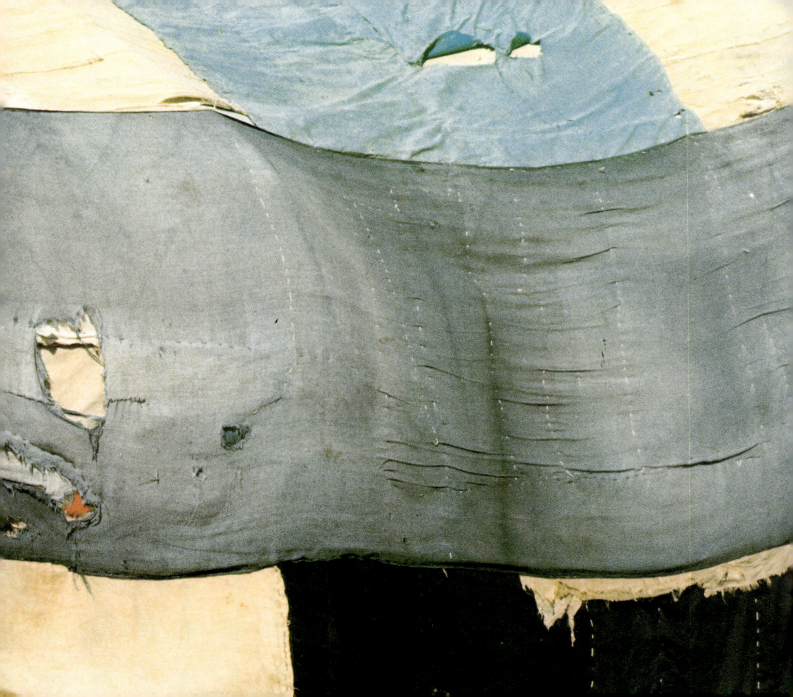

Nouakchott, Mauretanien

Nouakchott, Mauretanien

Bemalter Innenhof, Tunesien

Tempel im Maghreb

Bemalte Piroge, Mauretanien

Bemalte Ladenfassade, Nouakchott

Ohne Titel

Bemalte Piroge, Mauretanien

Oben und gegenüber: Mauren in Mauretanien

In Mauretanien

Rechts und nächste Seite:
Wellblechstadt, Nouakchott

IN MAURETANIEN

Gloucestershire, 27. Dezember 1969

Nichts los an Weihnachten. Nicht gerade meine liebste Jahreszeit. Ich mache lange einsame Spaziergänge das Tal hinauf, dort war es kalt und schön. Wieder spüre ich nagende Ruhelosigkeit in mir und plane, nach Mauretanien zu fahren – in das einzige Land, von dem nie jemand gehört zu haben scheint. »Ich weiß, wo es ist«, sagte Penelope [Betjeman]. »Es liegt in Osteuropa, und wir kennen es aus Filmen der zwanziger Jahre. Sie tragen dort weiße Uniformen.« »Du denkst an Ruritanien« – und so war es.

Dakar, Senegal, 14. Februar 1970

Schlief bis 9.00 im Flughafen und nahm dann einen Bus ins Stadtzentrum. Zwei Männer aus der Ölbranche kamen mit mir – einer aus Calgary, der andere, blasse, von der Londoner BP. Er war weiß, sehr weiß, und er hatte gerade Guinea besucht. »Conakry ist eine traurige Stadt«, sagte er.

Das Hotel Coq Hardi

Ein dicker Franzose und seine sehr dünne Frau – mit Anhang, einer Schwester in einem rosa Pullover. Der *patron* besteht auf Vorauszahlung – »Wir sind hier in Afrika«, sagt er. Er hat recht.

Beim Abendessen. Da ist eine Negerin, *habillée en rose*, das Haar zu einer Domglocke hochgetürmt, ihre Beine schimmern schwarz wie das glänzende Schwarz ihrer Schuhe und sind hart wie Stahl. Ihr Herz vermutlich ebenfalls.

Jetzt geht es mir wieder besser, der Morgen war deprimierend, ich hatte Kopfschmerzen – ein Pariser Vermächtnis. Die Negerin hat sich eine große Flasche Wein bestellt. Dieser kommt, wie alle guten Franzosen, aus Algerien.

Sie sind schwarz hier
Schwarz wie Glimmer
Schwarz wie Obsidian
Und ihre Münder sind steinhart
Wenn man für ihre Münder zahlt
Steinhart und rosa in den Winkeln.
Doch das weite afrikanische
Hinterland mit vulkanischen Dünen
Schwarz und gewellt
Und das Hinterteil
Und der Gang
Beide Geschlechter sind unwiderstehlich.

Städte aus Wellblechbaracken, die in der stahlblauen atlantischen Brise klappern, und blauer Kattun – das von Afrika geliebte Indigoblau mit helleren *rayures*. Der Geruch der Tropen – Urin, verfaulendes Obst und Rohöl.

Für mich endlich ein Land, wo mir eine schwarze Frau in die Augen blickt.

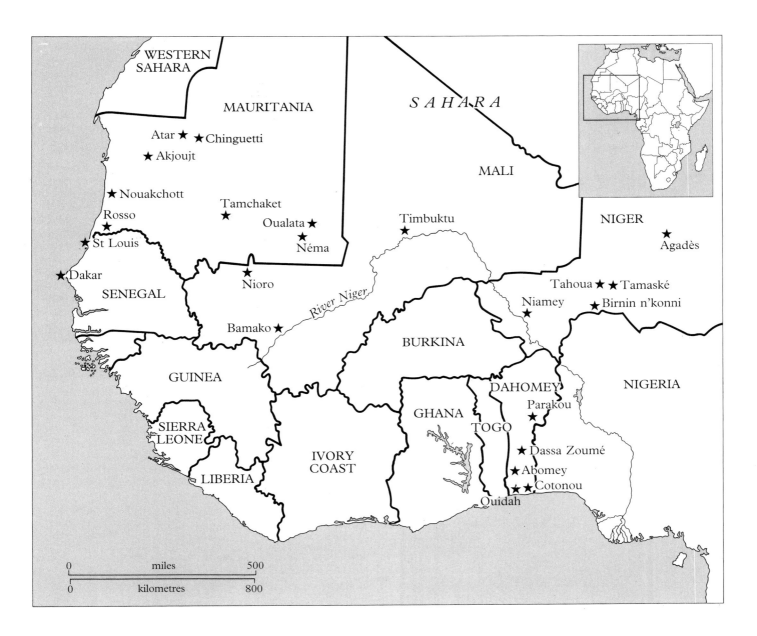

Der Himmel ist tagsüber grau, und der Mond scheint durch einen schwarzen Dunst.

Das IFAN ist geschlossen. Es gibt keine Karte von Westafrika. Die Negerin ißt eine Orange. Ich mache einen Spaziergang.

Stuckfassaden und *Spécialités Alsaciennes* und sehr schwarze Frauen, deren Goldzähne wie die untergehende Sonne durch die rosa Wolken ihrer Lippen schimmern. Frauen mit Turbanen gleiten durchs Leben wie sieben Schlachtschiffe und Bougainvilleen und hochfliegende Milane.

Die Pirogen am Strand, farbige Linien, salzverwaschene blaue See.

Rose

Rose hat kein Kinn, einen langen langen Hals und kräftige Beine. Sie trinkt Whisky, spendiert von einem Deutschen, der Monsieur Kisch heißt. M. Kisch ist Landwirtschaftsberater der Regierung und sehr reich. Er und Rose haben ein Verhältnis, aber M. Kisch sagt, Rose sei »une folle«, und Rose sagt, M. Kisch sei »un con«.

Die *patronne* ist, wie sich herausstellt, die Frau in Rosa, die ich für die Schwester oder den Anhang gehalten hatte. Die anderen beiden sind ein Ehepaar, das eine kleine Fischereiflotte betrieb und jetzt im Hotel hilft, weil sie fürs Fischen zu alt sind.

Jacqueline, die *patronne*, ist überall gewesen. Sie empfindet tiefe Verachtung für England, vor allem für Hull, wo sie sich in Begleitung eines deutschen Liebhabers aufhielt. *»›Vous êtes mariés‹, on m'a demandé au boarding-house. ›Non, on n'est pas marié.‹ ›Puis vous cherchez ailleurs, si vous n'êtes pas mariés.‹«* Das ist ihr klassisches Beispiel für englische Intoleranz und Inkompetenz. Außerdem ging sie mit ihrem Liebhaber in einen *»film cochon où il n'y a que des nus – même les gens de soixante ans – tous nus et dégoutants. Et puis nous étions invités d'entendre l'hymne à la Reine d'Angleterre.«* Sie ist durch und durch praktisch veranlagt und mag keine Heuchelei – *»Mais en Angleterre à Hyde Park sous les bois on ne voit que les pieds.«* Sie trinkt nur Whisky – *contre les bactéries* – und verschmäht Wein. Rose vertraut mir an, daß sie mit Jacqueline abgemacht hat, ihren Whis-

ky mit Tee stark zu verdünnen, weil sie darauf beharrt, eine Flasche pro Tag zu trinken. Sie wurde krank – wäre fast gestorben – und ging den Kompromiß ein, den Whisky zu verdünnen.

Rose nimmt mich in eine Bar mit und dann in ein Tanzlokal (sehr kostspielig, Rose), wo wir zwei Stunden lang tanzen und zunehmend müder werden, bis ich auf Rückkehr bestehe. Rose besteht auf einem Bier und einem Sandwich – ich habe noch nie solche Aktivität am späten Abend erlebt – und ist natürlich unersättlich (und, ich wiederhole, sehr kostspielig).

Ihr Kleid ist mit Indigo gefärbt, und mein Gesicht wird davon ganz blau. Frauen mit indigoblauem Gesicht gelten als Gipfel der Schönheit.

Gorée, 15. Februar

Das Museum befindet sich in einem Kaufmannshaus mit Veranda. Zwei englische J. C. King-Geschütze von 1926. Ein Wächter steht an der Tür.

Die Häuser sind weiß, gelb und ockerrot. Veranden, Jalousien, Palmen und Baobabs.

Besuch der Zitadelle. Beton und Tragbalken sehen zwischen den Ruinen nicht gerade erbaulich aus. Bougainvilleen wachsen zwischen den Baobabs.

Die Post ist in blassem Mandelgrün und Rosa gehalten, die Jalousien sind grau.

Das ockerrot getünchte Sklavenhaus verfügt über ein *piano nobile*, das über eine Treppe mit zwei Aufgängen zu erreichen ist, darunter ist eine Reihe unmittelbar auf das Meer hinausgehender Kellerräume. Es wird erzählt, daß die Leichen von Sklaven direkt den Haien zugeworfen wurden.

Nomadisierende Fischer leben in Gruppen zwischen St. Louis und Villa Cisneros. Ein Mann hält sein Netzende nahe am Ufer fest, während sein Partner ins Wasser hinauswatet und das Netz über der Bahn eines herbeischwimmenden Meeräschenschwarms auswirft. Dann kehrt der im Wasser stehende Fischer in einem weiten Kreis an den Strand zurück. Tümmler werden harpuniert und Riesenschildkröten gefangen, wenn sie ihre Eier an Land eingraben. Sie halten nur Esel. »Glatthaarig und recht schwarz« (*The Narrative of Robert Adams*, London 1866).

16. Februar

Ich kaufte einen Hut und weitere Landkarten und fuhr dann mit der Bahn nach St. Louis.

Es riecht nach Schweiß und eingesalztem Fisch. Ich lehnte ein Sandwich ab, das mir meine Nachbarin, eine Frau in schwarzem BH mit hennagefärbten Händen, anbot. Ein Haufen Früchte, wie ich sie noch nie gesehen habe, liegt zu meinen Füßen. Die Bahnhöfe sind cremefarben und stuckverziert, mit mandelgrünen Jalousien und Balustraden. Frau in Schwarz säubert ihre Zähne mit Mundwasser. Ich kann nach wie vor kaum sagen, daß ich Afrika mag, was seine Textur angeht. Die gestutzten Akazien gleiten wie aufsteigende Wale auf der Brandung des Gestrüpps vorbei.

Ich sah die aus dem 19. Jahrhundert stammenden Häuser von St. Louis flach über dem Wasser in der untergehenden Sonne, aber da ich nicht darauf aus bin, in Nouakchott morgen am späten Abend anzukommen, habe ich beschlossen, nach Rosso weiterzufahren, so daß ich gleich morgen früh aufbrechen kann.

Imposanter Bahnhof hier aus Gußeisen und Holz. Schwarze Gesichter in der zunehmenden Dunkelheit und die Aura von Straßenlichtern in schwarzem Kraushaar.

Ich sah ein paar maurische Karawanen vorbeiziehen. Ein Franzose in weißen Tennisshorts fällt irgendwie aus dem Rahmen.

Doumpalmen. Am Horizont kegelförmige Getreidespeicher und niedrige Akazien. Weiße Kraniche und Silberreiher in den Salzsümpfen.

Rosso

Um die Restaurant-Bar *Relais-Mauretanien* und die Hoffnung auf einen Drink betrogen. Schmutziges Restaurant, wo es wie immer keinen Reis gibt (*tout fini*), also esse ich im Licht einer Lampe große Mengen Rindfleisch, gebraten von einer Frau in Indigoblau und mit kunstvoll gearbeiteten Ohrringen. Zwiebeln sind mit ins Steak geraten.

Mir wurde der Paß von der Polizei abgenommen, bei der ich übernachte – um den Wucherpreis von 500 Francs (fast ein Pfund) zu vermeiden –, auf einer Matratze in einem entzückenden Raum, der als Bistro betrieben wird von einer Frau aus Guinea, deren Mann, der Polizist, mir erzählte, er mache Geschäfte in Nouakchott. Ich werde mich morgen früh im *Relais-Mauretanien* ausruhen. Ich fürchte, ich werde von Ungeziefer geplagt werden. Ich spüre bereits das Jucken. Im kalten Licht sehe ich, daß das Restaurant *Le Paradis* heißt. Der Fluß ist eine schimmernde Ader.

Es fehlt die Leichtigkeit Asiens – und der Glaube.

Am nächsten Tag

Zwei gelenkige Jungen wühlen im Fluß. Seifenlauge im Schlamm. Bunte, bunte Pirogen.

Den Fluß überquert, flache schlammige Sandbänke mit hie und da einer Palme. Die Zollformalitäten waren in der Tat eine Formalität – ein flüchtiger Blick auf den Paß, das war alles. Jede Hoffnung auf eine Mitfahrgelegenheit nach Nouakchott aufgegeben, bis ich zwei Franzosen fand, die so breit wie lang waren und deren Unterhaltung sich auf ein Nicken beschränkte – wenigstens war es kein Kopfschütteln. Jetzt gibt es das akutere Benzinproblem, denn die gesamte männliche Bevölkerung ist auf dem Weg zur Moschee – alle in Indigoblau –, da heute ein moslemischer Festtag ist.

Essence hoffentlich im Lager von ein paar Straßenbauingenieuren. Das Land ist völlig flach, es wachsen Akazien und andere verkrüppelte Bäume. Keine Baobabs hier – eine schmale graugrüne Linie und darunter eine Schicht von goldenem Gras.

Dies ist eine unasphaltierte Straße, aber der Lastwagen blieb stecken. Ich würde nicht gern ohne große Erfahrung durch Wüste fahren. Es ist ein Job für Spezialisten und erfordert große Geschicklichkeit. Das Geheimnis besteht darin, zu wissen, wann man aussteigen und die Straße inspizieren muß – und wenn man sie inspiziert hat, die Folgen für die Weiterfahrt einzuschätzen.

Die Mauren haben einen phantastischen Sinn für Farben. Keine schimmernden grellen Kattune mehr, statt dessen purpurrote Turbane wie Gendarmen und weiße Gamaschen – bei schwarzer Haut eine wundervolle Wirkung.

Freundliche französische Straßenbauingenieure. Evian, Zwieback, Tonicwasser, Granatapfelsirup und ein friedlicher Polizist.

14.00

Die Fahrt wurde zusehends beschwerlicher, da unser Lastwagen inzwischen zusammengebrochen ist und vom Fahrer mit hauchdünnen Seilen abgeschleppt wird.

Wir sind nicht weit vom Meer entfernt. Ich liebe den Duft. Der rote Sand, rot wie die Erde Griechenlands, ist jetzt verschwunden, statt dessen ein scheußliches Aschgrau.

Nouakchott, Mauretanien

Ein Ort von unbeschreiblicher Trostlosigkeit – eine Fata Morgana aus weißem Beton, die aus dem gespenstischen Gestrüpp aufsteigt. Ihm scheint jeglicher Sinn für Realität zu fehlen. Reihenweise flache Betonhäuser mit kleinen Gärten.

Die Zimmer im Hotel kosten über zwölf Dollar pro Nacht, aber sie haben den Vorzug, wenigstens kühl zu sein. Ventilatoren. Rotkarierte Plastikstühle. Afrikanische Flughafenkunst. Ich stelle mir vor, wie diese zähen Franzosen und Bergbauingenieure ihren Cognac in einem großen Glas schwenken – 15.30 ist eine vernünftige Zeit, den Lunch zu beenden.

Unten im Hotel. Ich bin wieder munter und habe einen gutaussehenden Neger kennengelernt – Industriedirektor –, meines Erachtens etwa fünfundzwanzig, aber offenbar sehr wichtig. Hat einen Chinesen eingeladen. Die Chinesen sind anscheinend im Süden aktiv, wo sie in den Sümpfen Reis anbauen. Die Russen müssen Schritt halten und haben in ihrem Unverstand eine Iljuschin-Maschine für den Las-Palmas-Flug zur Verfügung gestellt. Man braucht eine komplette russische Besatzung, um das verdammte Ding zu fliegen.

Amerikanische Ingenieure: »Wir bauen die Gruben für die SOMIMA, und sobald wir fertig sind – nichts wie zurück nach San Francisco.«

Die Wände des SOMIMA-Büros sind blaßgelb, keramische Mosaikkacheln, Chromstühle. Mr. Lunn. Die personifizierte Effizienz und Gelassenheit. Ein Mann kurz vor der Pensionierung, sechzig vielleicht, mit schmaler Nase und welligem grauem Haar – ein Mann, um Befehle von oben entgegenzunehmen und sie nach unten weiterzugeben. Seine Frau ist eine resolute Feministin – glücklich, sagte sie, die Frauen unverschleiert in vorderster Front zu sehen, dort, wo sie hingehören. Sie ist auf dem Weg nach England und hat Nouakchott gestrichen satt. An Mrs. Lunn gefielen mir am besten ihre Gartenkataloge – Klematis für ihr Haus in England. »Meinen Garten daheim zu entwerfen hat mich davor bewahrt, in Nouakchott den Verstand zu verlieren.«

Lunn erzählte mir, daß die mauretanische Regierung dem Bergbau ständig Steine in den Weg lege. »Man würde erwarten«, sagte er, »daß sie allmählich die Einnahmen einstecken möchten.«

Mr. Hadrami ist ein sehr netter Mann um die Fünfzig. Er erzählte mir, daß die Mauren sehr abergläubisch sind, was die Schürfung von Mineralen angeht. Eisen, Gold und Kupfer werden von einem Ungeheuer bewacht, und das Ungeheuer muß durch Opfer versöhnlich gestimmt werden. Andernfalls gibt es ein unaussprechliches Unglück.

Bohrtürme sind jetzt errichtet worden – nahe der Grenze zum Senegal. Die Senegalesen haben Grenzstationen eingerichtet – bisher hatte es eine Abmachung über freien Grenzübertritt gegeben.

Die außerordentliche Bedeutung, die politische Führer Frankreichs *grandeur* beimessen. De Gaulle hat einen ikonographischen Prototyp geliefert, dem alle nacheifern. Ould Daddah hat eine grüne Schärpe über die rechte Schulter geschlungen, zum Ausgleich liegt seine rechte Hand lässig auf einem *bureau plat*. Senghor im Senegal geht noch weiter und hat gewaltige Bücherbände aus dem 16. Jahrhundert auf dem *bureau plat* aufgestellt.

Zwei winzig kleine Jungen gesellen sich auf der Straße zu mir, und statt mich um Geld oder um ihr Photo zu bitten, beginnen sie eine ernste Diskussion über *la politique arabo-israélienne, la situation en Nigeria, la persécution des Juifs par Hitler, les Monuments Pharaoniques en Egypte, l'Ancien Royaume des Almoravides.* Über jedes dieser Themen sind sie ungefähr so gut informiert wie ich. Es stellt sich heraus, daß sie Sohn und Neffe des Innenministers sind. Die hohe, süße Stimme trillert wie ein kleiner Vogel. Noch nie ist mir ein so einnehmender Elfjähriger begegnet. Sollte er mit Dreißig Präsident von Mauretanien sein, würde es mich nicht im geringsten wundern. Außer seiner Intelligenz erstaunte mich seine Rechtschaffenheit. Sie kann nur das Ergebnis einer äußerst sorgfältigen Erziehung seitens seines Vaters sein, den ich gern kennenlernen würde.

Alt-Nouakchott

Nach einem Besuch bei Hadrami ging ich zur Fluggesellschaft, wo man mir ein neues Ticket ausstellte. Dann wanderte ich vor dem Mittagessen durch den alten Teil Nouakchotts und photographierte. Eine stark heruntergekommene Barackenstadt. Zelte mit indigoblauen Flicken sind von einer Collage aus Zäunen, Wellblechteilen, Fahrgestellen von Autos umgeben. Im Lager herrscht beinahe vollkommene Stille, und zu den Zelten gehört immer das Meckern von Ziegen und das Muhen von Rindern. Hellblaue Baobabs wiegen sich im Wind. Es herrscht ein hohes Maß an Sauberkeit. Den Nachmittag verbrachte ich damit, den Markt zu inspizieren – ein dichtgedrängtes Nebeneinander von Buden aus Holz und Wellblech, oft absichtlich zu einer Collage aus vielen bunten Teilen montiert. Rauschenberg könnte es nicht besser machen. Und sie sind mit Bedacht angemalt, damit ihre Wirkung noch gesteigert wird.

Goldene Ohrringe werden hier nach einem Querschnittsmuster angefertigt, das identisch ist mit dem der Torques von Tara aus der irischen Bronzezeit – ein Goldbarren wird zu kreuzförmigen Streifen gehämmert, die dann so gebogen werden, daß sie einen Ring formen. Dies ist nur ein Hinweis auf die seltsame archäologische Verwandtschaft, die zwischen den Berbern und Westeuropa besteht. Metallverarbeitende Traditionen werden von einer Pariakaste gehütet. Ich hoffe, ähnliche Ohrringe in Atar zu finden. Wenn nicht, werde ich im Basar ein Paar kaufen.

1969 blieben die Regenfälle aus, und die Hälfte der Tiere im ganzen Land starb. Die Nomaden strömten in die Städte, angezogen von Gerüchten, bei den Bergwerksgesellschaften und beim Bau der neuen Hauptstadt gebe es Arbeit. Daher dieser *bidonville* von Nomaden, die, wie Jakob und seine Söhne, durch Hungersnot zur Seßhaftigkeit gezwungen wurden.

Unterstützung durch das kommunistische wie auch das kapitalistische Ausland trägt zur Entstehung unzufriedener urbaner Massen bei, die nicht an unsere Art zu arbeiten gewöhnt sind. Man beschuldigt die Gewerkschaften, bloß destruktiv zu sein. Das kann nicht der Fall sein – es ist nichts weiter als eine vorhersehbare Reaktion auf eine unmögliche Situation.

Die Einstellung der französischen Ingenieure und Techniker zu den von ihnen unterjochten Völkern – und sie sind noch immer unterjochte Völker – ist wahrhaftig nicht besser als die der in Vietnam kämpfenden Amerikaner – nur praktischer.

»Ich habe jederzeit lieber mit einem Nigger zu tun als mit einem Mauren. Die Mauren wollen einfach nicht arbeiten.«

In Alt-Nouakchott, wenn es so genannt werden kann, in einem Restaurant zu Abend gegessen, das von einem Polen französischer Abstammung namens Casimir geführt wird. Das Essen ist wesentlich schlichter – daher viel köstlicher – als die anderen in der Stadt und auch weitaus billiger. Er ist ein abgehärteter *colon*, der lange für die französische Regierung gearbeitet hat (im Bauwesen im Senegal) und sich über das mangelnde Arbeitsvermögen beklagt – »die Leute hier haben nicht unsere Auffassung von Arbeit«. Ich würde der Regierung raten, Arbeitskräfte direkt aus dem Senegal zu importieren, *keinen* Versuch zu unternehmen, Nomadenvölker zu Arbeit zu bewegen – denn jeder Baustein, den sie legen, wird eine Strafe für sie sein –, und das verbleibende Kapital zu nutzen, um ihre Lage mit Viehzucht und Brunnenbau zu verbessern.

Später kam eine Prostituierte herein, 1955 geboren, wie sie sagte – somit wäre sie fünfzehn –, in ein helles Orangerot ge-

49

Oben und gegenüber: Altstadt von Nouakchott

kleidet, das eine feste und nicht unbegehrenswerte Brust darunter erkennen ließ. Sie hatte ein vorspringendes Kinn und war sehr lasziv. Zwei junge Franzosen kamen und entkleideten sie gleich teilweise im Innenhof, was sie gern geschehen ließ, doch sie hatte noch mehrere Verabredungen für den Abend. Wie, frage ich mich, sieht in dieser Gesellschaft die Zukunft für eine ehemalige Prostituierte aus – eine entwurzelte Lesbengemeinschaft von *poules*?

20. Februar

Besuchte am Morgen den Innenminister – ein großgewachsener Schwarzer, sehr intelligent und freundlich, der mir auf höchst effiziente Weise behilflich war. Die Suche nach einer Brille verlief ohne jeden Erfolg. Habe vereinbart, daß mich ein Lastwagen nach Atar mitnimmt; es weht ein fürchterlicher weißer Sandsturm. Hege den frommen Wunsch, daß meine Fahrt in den Busch nicht so lächerlich teuer werden wird. Die Neger wissen nicht, wie man in der Wüste reist, und scheinen Hemmungen zu haben, einen Turban oder Schleier zu tragen. Sie hocken zu einem trostlosen Haufen zusammengedrängt, während der Sand ihre Locken festbäckt und ihre Köpfe in kleine, strubblige Büsche verwandelt.

Wir sind etwa 50, hauptsächlich sind es Senegalesen auf der Suche nach Arbeit, ihre Köpfe sind mit einer Auswahl von Kopfbedeckungen umwickelt, von Unterhosen bis zu indigoblauen Turbanen, die das Gesicht verfärben.

Um 14.45 geht es los. Bilde ich mir ein, daß der Wind nachgelassen hat? Halten an und starten erst wieder um 15.20, dann geht es weiter bis zum Gebet um 17.20.

Eine der schlimmsten Nächte, die ich je irgendwo verbracht habe. Wir kamen relativ wohlbehalten in Akjoujt an. Dort beschwerte sich der Gendarm, daß das Fahrzeug überladen sei. Es dürfe nur 30 oder 29 Passagiere befördern – über diese Zahl hinaus sei es gefährlich und die Versicherung komme nicht für einen eventuellen Schaden auf. Die Tatsache, daß es überhaupt

eine Versicherung gab, war durchaus tröstlich. Wo, wenn nicht in einer ehemaligen französischen Kolonie, findet man in der Hauptstraße einer moslemischen Stadt eine Bar mit dem Namen *La Liberté* und ungeöffneten Flaschen Champagner Marke Lanson? Zum Abendessen gab es das unvermeidliche Steak mit Zwiebeln.

Als wir dann das Fahrzeug besteigen wollten, waren wir mindestens 50, und ein gutmütiger Gendarm unterwegs nach Atar hatte nicht die kleinste Chance, sich gegen das Clansystem zu behaupten. Die Unterbringung auf dem Lastwagen war umorganisiert worden, um maurischen Verwandtschaftsbeziehungen Genüge zu leisten. Jeder wollte seinen Verwandten »einen Gefallen tun«. Riesige Mehlsäcke waren aufgeladen worden und meine spärlichen Habseligkeiten im Chaos untergegangen.

Der Gendarm macht dem Fahrer Vorwürfe, und die Schwarzen finden die ganze Situation offenkundig ziemlich absurd. Aber die Mauren haben eine feste Stammesposition bezogen und werden unter keinen Umständen nachgeben.

Beunruhigt begannen wir die alptraumhafte Fahrt. Der Wind heulte, der Sand blies, und da ich mein Gesicht mit einem Taschentuch bedeckt und meinen Hut aufgesetzt hatte, bemerkte ich nicht, daß wir uns mitten in einem recht schweren Sandsturm befanden. Manchmal beschränkte sich unser Vorwärtskommen auf kurze, holprige 15 Meter, dann blieb der Lastwagen wieder stotternd stehen. Endlich, um 8.00 morgens, kamen wir an, der Sturm heulte nach wie vor, ich war glücklich, als ich die französischen Patres durch blasse Staubwolken gehen sah, die über den Platz fegten.

Atar

Alles, was ich von dem Ort gesehen habe, ist ein Komplex militärischer Einrichtungen, in denen sich jetzt die Einheimischen eingenistet haben. Alles andere ist Wind und eine wäßrige, durchfilternde Sonne, wodurch er bedrückend wirkt, ohne jegliche Kompensation.

Es gibt zwölf Europäer hier – zwei Patres, einen Arzt und

dessen Frau, und die anderen fallen mir nicht ein. In der Mission ein paar sehr große Faustkeile aus Feuerstein und Quarzit aus dem Acheuléen, außerdem ein Fossil mit einer grünen Unterwasserpflanze, das der Pater mit Wasser belebt. Er lernt Hassania, weil er für jeweils neun oder zehn Tage in den Busch hinausgeht. Auch erzählte er mir, daß die Zelte eines Lagers den Kasten entsprechend aufgestellt werden. Und daß die meisten Nomaden sich in die Ebene von Tires nahe der Grenze zu Spanisch-Marokko begeben haben, wo es Gras gibt, das Kamele fett werden läßt, wie sie behaupteten. Er ist dünn, knochig, Brillenträger und Mitte Dreißig. Er hat ein sanftes Lächeln und bedauert, daß Alkohol in Atar verboten ist.

Der Gouverneur begrüßte mich recht leutselig und versprach, sich nach einem Landrover umzusehen, der mich nach Chinguetti bringen soll. Ich hoffe, es wird nicht zu teuer werden. Nach etwas Camembert zum Lunch sah ich mir eine Weile das (sogenannte) Hotel an – das ehemalige Offizierskasino der Fremdenlegion, die erst 1960 von hier abzog. Früher waren 5000 Soldaten hier stationiert. Sie sind seit zehn Jahren fort, fort aus ihren armseligen Räumen mit den Moskitonetzen, die wie übermäßig gestopfte Socken herunterhängen, mit der dünnen Schicht von feinem Sand, der alles überzieht, und einem uralten, aus der Tiefe kommenden Kloakengeruch. Der Salon ist ein länglicher Raum mit zweckdienlichen stahlgerahmten Fenstern und Gittern an der Außenseite. Leuchtende marokkanische Teppiche und Kissen auf dem Boden und eine verlassene Bar. Der Diener, ein Harratiner mit einem breiten Lächeln, bedauert aufrichtig den Abzug der Legion. Einige Photos oben an den Wänden – draußen ein bleierner Himmel, jetzt relativ ruhig, mit Akazienbäumen. Einziges Geräusch das Gurren von Tauben und Schreie kleiner Kinder. Es gibt keinen Strom und anscheinend auch keine Hoffnung auf eine Kerze.

Um 16.30 wanderte ich in die Stadt – anonyme Reihen von Lehmhäusern im üblichen nordafrikanischen Stil, mit grün oder blau bemalten, in der Sonne verblichenen Türen. Es gibt eine Fabrik hier für Teppiche im marokkanischen Stil, doch traditionell sind alle Teppiche aus dem Norden importiert worden – und so scheint es nicht viel Sinn zu haben, nach etwas anderem zu suchen.

Die Kirche ist im lokalen Stil aus Stein gebaut. Der Pater erzählt mir, daß es eine beträchtliche maurische Gemeinde gibt, die dem christlichen Treiben stumm und wie hypnotisiert beiwohnt. Nur ein Kind, das des Arztes, ist in dem aus einem neolithischen Mörser gemachten Becken getauft worden.

Eine Harratiner-Hochzeit war in einem kleinen Innenhof im Gange. Ich stand auf dem Dach und blickte hinunter auf die wogende Menge blauvioletter Frauen. Gesichter wie Gespenster in einer dunklen Nacht. Zu Füßen des Brunnens im Hof ein Meer schwarzblauer Gestalten, ihr Gesang wie die Wellen bei Nacht, ihr Schmuck glitzernd wie Tupfer phosphoreszierenden Lichts. Die Braut – ein untersetztes Geschöpf, das Haar zu einer Art Hahnenkamm hochgetürmt.

Den Abend verbrachte ich mit den Patres, nach einer Stunde beim Gouverneur. Bei letzterem befand sich ein Junge, wunderschön anzusehen, mit geschwungenen Augenbrauen und einem höchst aristokratischen Gesichtsausdruck, Sohn des Emirs von Adrar – die Zelte seiner Familie sind jetzt zwischen hier und Akjoujt aufgeschlagen.

Auf die Frage, wie er über die Harratiner dachte: »Es sind Sklaven.«

Am nächsten Tag

Spaziergang nach Azougi. Durchquerten ein Wüstengelände von großer Trostlosigkeit mit vereinzelten Akaziensträuchern und kamen an eine Stelle, wo die Straße mitten durch eine Kette niedriger Berge führte, deren horizontale Schichten aus glänzendem Felsgestein Steilstufen formten. Als wir zur Kluft kamen, war der Blick auf eine weite Ebene freigegeben, direkt unterhalb die Oase von Azougi unter flachen kupferroten Felsen, die grau in die Sandwüste übergingen. Die Straße führte steil abwärts. Meine Begleiter sind der Sohn des Gouverneurs und zwei seiner Freunde, die barfuß über die scharfkantigen Steine gehen.

Eine alte Harratinerfrau saß mit rotgeschminkten Augen da und sagte: »Sie wollen mich nicht photographieren. Ich bin nicht hübsch.« »Waren Sie es denn einmal?« ließ ich sie durch die Jungen fragen. Sie zuckt die Achseln und entfernt sich die Straße hinab, wobei sie eine Perlenschnur durch ihre Finger gleiten läßt.

Azougi war die Hauptstadt der Almoraviden – wenn man unter Hauptstadt das Verwaltungszentrum versteht. Jetzt ist nur noch eine Bastion unbehauener Steine vorhanden.

Die Männer tragen wasserblaue Boubous. Boubous sind mit hübschen Mustern bedruckte Kaftane. Das Ganze wogt hin und her und verhüllt geschmeidige maurische Glieder, die langbeinigen Vögeln ähneln. Nicht umsonst ist der Marabu-Storch nach dem Marabut benannt.

Bei der Rückkehr in der Mittagshitze machten wir halt, um die kleinen, gelbgrünen Saharamelonen zu essen. Sie haben sehr große Samenkörner und sehr wenig Fruchtfleisch. Was an Fleisch vorhanden ist, schmeckt nach Melone, ist aber keineswegs süß.

Der Sohn des Emirs von Adrar und der Sohn des Gouverneurs störten meine Siesta, weil sie über das ständig verstopfte Waschbecken plauderten. Sie experimentierten zum erstenmal mit einer Zahnbürste.

Hand in Hand stürmen wir in die Stadt zurück, und ich kaufe ein paar wunderschön bemalte, sorgfältig gearbeitete Pfeilspitzen aus dem Capsien-Kulturkreis. Ich freue mich darüber. Sie kommen aus Chinguetti.

Der Mann mit dem Landrover verlangt für die Fahrt nach Chinguetti eine Summe, die ins Reich der Fabel gehört. Ich könnte mir einen neuen Anzug dafür kaufen oder alle meine Freunde eine Woche lang beköstigen. Ich bezahle. Ich will weiter.

Chinguetti

Anscheinend kommt der Wind, unter dem wir gelitten haben und der mich in den vergangenen zwei Tagen ausgetrocknet hat, eigens Ende Februar mit der ausdrücklichen Absicht, die Dattelpalmen zu stärken. Die Heftigkeit des Windes hat eine ausgesprochen glückliche sexuelle Stimmung ausgelöst, und alle freuen sich auf eine außergewöhnliche Ernte.

Wir folgten der Felsenlinie – unerbittliche, tafelförmige horizontale Schichten, mal rot, mal schiefergrün. Der Himmel ist grau, und der Wind heult. Berge gipfeln in Türmchen. Rotgeäderte Steine liegen in der Wüste. Kulani – gelbbraune Ziegen mit Längsstreifen auf dem Rücken – ziehen durch das Dorngestrüpp. Gelegentlich sieht man Geröll, rechteckige Blöcke, wo die linearen Befestigungen der Berge abgefallen sind. Schluchten, so schwarz wie oxydiertes Silber. Goldener Sand mit purpurroten Steinen verleiht der Landschaft das Aussehen eines Tigers. Chinguetti: das plötzliche Grüngrau der Palmen am Horizont und die Häusergruppe auf dem Berg dahinter – statt der Akazien nur hellgelbe Dünen, die sich bis nach Libyen erstrecken.

Neu- und Alt-Chinguetti sind durch eine gelbbraune, sandgeriffelte Straße getrennt. Die Türen der weißgetünchten Häuser sind grün und blau. Die Moschee: ein schiefer quadratischer Turm mit fünf Straußeneiern obendrauf. Eine melancholische Masse aus Glimmer und Stein.

Ging zum Markt, wo ich auf einen kleinen schwarzen Jungen stieß, der die zerstückelten Reste eines Kamels beaufsichtigte – wird sicher mein heutiges Abendessen. Folgte dem kleinen Jungen zur Bibliothek – aber der Wächter war eingeschlafen. Ich werde jetzt warten, bis er aufwacht, bevor ich sein Haus mit dem Innenhof verlasse, das einer ganz schrecklichen Frau gehört, die Geschenke wollte, sowie ihrem ebenso unangenehmen Neffen, der drohte, meinen Photoapparat zu stehlen, falls ich kein Geld herausrückte. Schielender Drachen mit indigoblauem Gesicht und hennaroten Nägeln.

Der Schlüssel zur berühmten Arabischen Bibliothek wurde gefunden, nachdem ich Geld versprach; zuvor jedoch wurde behauptet, der Besitzer halte sich im Busch auf. Ein Stapel alter Korane, von Staub und Würmern rapide zu Fragmenten reduziert, moderte in einer Ecke. Feine Art, Bücher zu behandeln. Ich konnte keine Spur entdecken von dem Gelbäugigen Koran – so genannt wahrscheinlich wegen der goldenen Raute, die seinen Deckel zierte.

Anschließend zurück zur Moschee, wo man mir Schild und Stab des Propheten Mohammed zeigte. Der eine so etwas wie eine alte Teigschüssel, der andere ein völlig normaler Stock, mit Baststreifen umwunden. Das schlichte Holzfenster, von dem ich gelesen hatte, war äußerst schlicht – zwei kleine, ineinander verschachtelte Holzkisten. Doch umgab das Gebäude trotz seines heruntergekommenen Aussehens eine gewisse Aura der Heiligkeit. Die pilzförmigen Bögen genügten, um ihm Ausstrahlung zu verleihen.

Traum

Ich hatte einen sehr sonderbaren Traum, in dem ich mich in einem unzugänglichen Gebiet Italiens auf eine Wanderung begab mit der fünfundsiebzigjährigen Witwe eines Filmproduzenten, dessen Filme, heute nur noch selten gezeigt, einen prägenden Einfluß auf die gesamte Kunst ausübten. Ihr Name war Ungaretta, sie hatte das zarte, eher hagere Gesicht einer italienischen Aristokratin, und ihr Haar war zu einem Pferdeschwanz gebunden. Ihre Tochter, die uns begleitete, sah aus wie sie, war aber nur halb so alt. Wir gingen einen Höhenzug entlang und blickten hinab auf hohe Pinienwälder mit schindelförmigen Blättern, wie man sie auf Altargemälden oder in Norwegen findet. Dann wurde ich wach. Der Traum war in Schwarzweiß. Ich glaube, ich hatte etwas mit der Veröffentlichung ihrer Memoiren zu tun, deshalb war jede Erinnerung an sie wie eine Bildtafel in einem Buch.

En marche

Unglaublich die Glückseligkeit, die man beim Schlafen im Zelt empfindet. Eine Nacht im Zelt wiegt drei Nächte in der Stadt auf. Der vom Zelt gerahmte Horizont ist ein großartiger Anblick. Das Firmament, die Wölbung des Himmels, das flache, sich vor dem Zelt erstreckende Land.

Das Fort der Franzosen, der Fahnenmast. Die kühlen, rosa Gewölbe der Offiziersräume. Ein Käppi der Fremdenlegion und ein Haufen Hennessy-Flaschen. Die Latrinen waren unter Sand begraben.

Die Landschaft purpurrot und grau, Büschel von verblichenem Gras, mal blaßgrün, mal golden. Die ganze Straße von Tierskeletten gesäumt – Kamele, Esel und Ziegen, in einem letzten Aufbäumen gegen den ausdörrenden Durst erstarrte Skelette, bleiche Knochen, an denen Hautfetzen kleben.

Wir kamen an eine Stelle, wo sich leuchtende anilingelbe Pflanzen über stahlblaue Felsen ergossen.

Ich habe mit einem jungen Peul gesprochen. Nie ist jemand auf so absolut prachtvolle Weise gekleidet und anzusehen gewesen: mandelgrüne Hose, gelbe Jacke und orangerot-weißes Halstuch. Das flache Gesicht, die unglaublich sensiblen Lippen – das Lächeln –, der geradlinige, eckige Mund, der gemeißelte Körper, geschmeidig und kraftvoll.

Nouakchott, Flughafen

Menschenströme. Die Eleganz ist erstaunlich. Kornblumenblau, Tagblau, Wasserblau, Vergißmeinnichtblau, Sommerseenblau.

Eine der besten Neuigkeiten, die ich je gehört habe – Ziegen sind an Bord verboten. »Wohin meine Ziege geht, gehe auch ich.« Der schwarze Steward bleibt standhaft – *interdit*. Antimaurische Prohibition.

In der Luft, 7.00 morgens. Von oben betrachtet, ist die Wüste abwechselnd weiß und goldorangerot. Uralte Dünen, auf denen jetzt karge Vegetation sprießt.

Tamchaket

Ein eigentümlich graugrüner Stein läßt diesen ausgeglühten Ort täuschend frischgrün aussehen. Die Wüste schimmert wie grünes Wasser.

Die Jagd ist in Mauretanien seit dem vergangenen Jahr verboten. Die Lage der Nemadi ist beklagenswert. Sie schlafen auf der Erde. Essen nur Melonen. Das Volk der Nemadi wird auf circa 500 geschätzt.

Hadrami hatte mir erzählt, die Nemadi seien vom Jagdverbot ausgenommen. Anscheinend stimmt das nicht, denn das Verbot gilt für alle Mauretanier – und jeder geht gern auf die Jagd, daher (heißt es) würde sonst ein jeder behaupten, Nemadi zu sein, um weiterhin jagen zu dürfen.

Es gibt, wie ich zu meiner Freude feststelle, ein gewisses Maß an ängstlicher Besorgnis, die taktvoll in Französisch geäußert wird. Sie wissen nicht, was sie tun sollen. Alle Versuche, die Nemadi zu Viehhaltung zu bewegen, sind völlig fehlgeschlagen. Anscheinend hat es einen Fonds für den Kauf von 1000 Ziegen gegeben, um einen Anfang zu machen – aber die Nemadi sind bei Händlern bereits so verschuldet, daß die Ziegen umgehend geschlachtet wurden.

Néma, 1. März

Ockerfarbene Wände glühen rot im Sonnenuntergang. Wie unwirklich und wie unglaublich schön die Akazien im goldenen Dämmerlicht sind.

Ein windiger Tag, hoch in die Luft gewirbelte Milane und Krähen, kreisende Mauersegler. Ich wurde vom Präfekten von Oualata geweckt. Er bittet um Mitfahrgelegenheit in dem WHO-Lastwagen, der mir für die Fahrt nach Oualata zur Verfügung gestellt wurde. Er sieht Noël Coward sehr ähnlich, bis hin zu den Ohrläppchen.

Der Fahrer kam um 8.00, doch jetzt ist der Präfekt verschwunden.

Die Verwandtschaftsbeziehungen kommen erneut zum Tragen, als wir aufbrechen. Der Fahrer hatte den Wagen mit Verwandten und Freunden plus ihrem Gepäck und einer Ziege beladen, bevor er zur Kenntnis nahm, daß außerdem zwei Frauen da waren, beide enorm (ihr Indigoblau färbt auf mich ab), mit zwei Kindern und *ihrem* Gepäck, das einen Teppich einschließt.

Oualata

Fuhren über die abgelegene Wüstenstraße durch niedrige Dornbuschsavanne. Niedrige Akazien – von Mimosen über-

wachsen. Das Gras leuchtete in glühendem Gelb, und die Zweige der Dornenbäume waren von einem leblosen Grau. Unterwegs begegneten wir einer Nomadenkarawane – wasserblaue Turbane leuchteten im Savannengestrüpp auf. Buscheichhörnchen flitzten hin und her. Wir fuhren im Zickzack durch eine Schlucht zu einer tiefergelegenen Straße hinunter. Nach einer Weile sahen wir kleine, nackte schwarze Kinder, die ins Gebüsch ausrissen – dann tauchten hinter einer sich aus dem trockenen Flußbett erhebenden Festungsmauer das alte französische Fort und später die legendäre scharlachrote Stadt Oualata auf, gegenüber dem Südhang eines niedrigen Hügels, rechteckige Steinblöcke, die die eckigen Häuser imitieren.

Beim Gouverneur, der entschlossen scheint, mich im Regierungssitz festzuhalten, einem langen niedrigen, gewölbten Gebäude, das vor kurzem mit Zeichnungen in Ockerrot auf Weiß neu verschönt wurde. Die mauretanische Flagge ist eingearbeitet worden, ein grünes Quadrat mit Sichel und Stern in Gelb. Pinselstriche aus Indigoblau und Ockergelb beleben den Dekor.

Von der Gouverneursresidenz aus kann ich ein niedriges, weißes, etwa zwei Kilometer entferntes Zelt sehen. Darin halten sich in diesem Augenblick eine alte Frau, zwei Hunde und eine Katze auf. Die Frau ist taubstumm, hellhäutig und hat schöne, sanfte große Augen. Blauer Kattun mit blaßblauen Rauten.

Der tanzende Junge – kahlgeschoren, weißer Boubou –, ein ernstes, asketisches, geschlechtsloses Gesicht. Die Mauersegler wie wimmelnde Fischschwärme am azurgrünen Himmel – flink fliegen sie den Fledermäusen voraus. Es ist still, nur das Gemuhe heimkommender Kälber. Mauve wird zu Gold.

Die Nemadi. Warum lacht ihr? »Wir lachen immer, wenn wir glücklich sind. Wir lachen. Es ist Fleisch, das uns lächeln läßt. Wir kauen Fleisch. Aber selbst wenn es kein Fleisch gibt, lachen wir. Warum sollten wir nicht lachen, auch wenn es nichts gibt?«

Sie sind, fürchte ich, zum Sterben verurteilt. Aber sie werden lachend sterben.

Das Stammesoberhaupt mit plattem, sehr orientalischem, fast mongolischem Gesicht und dünnem Bart wirkt ängstlicher und besorgter, zum Teil, weil es seine Pflicht ist, die Beziehungen zur Außenwelt zu regeln.

Wie friedlich und schön die Frau des Präfekten ist, wie sie in Schwarz gehüllt daliegt mit ihrem Kind, dem sie die Brust gibt.

Ich fand die Hitze in dem Zimmer unerträglich und das Schnarchen unzumutbar, also nahm ich die Decke, die ich den Nemadi abgekauft hatte, legte mich unter die Sterne und grub meinen Körper in den weichen Sand, bis ich einschlief. Der vom Wind verwehte Sand weckte mich, als die Morgendämmerung gerade zu einem fahlroten Glühen am Himmel ansetzte und die Sterne einer nach dem anderen erloschen.

2. März

Ich trinke süßen grünen Tee im Zelt des Präfekten. Es ist aus dünnen, etwa 15 Zentimeter breiten weißen Baumwollstreifen in doppelter Lage gewoben. Die Stangen haben pilzförmige Enden, damit wird verhindert, daß sie sich im Sand verschieben.

Ich liebe es, die blauen Flicken der Zelte zu betrachten. Flicken in der Kleidung sind ein Zeichen von Demut, doch darüber hinaus werden sie oft auf eine andere Ebene übertragen – die der Würdigkeit; so trugen die osmanischen Sultane kostspieligste Flicken-Kleidung als ein Symbol ihrer Heiligkeit.

Habe afrikanische Hibiskusblüten auf dem Markt gekauft, kühles, köstliches Getränk von unglaublich dunklem Purpurrot. Ging die Straße entlang in Richtung Oualata. Der Wind weht den Duft von Akazienbäumen daher, frisch und wohlriechend, läßt die Häute von totem Vieh flattern, vorstehende Zähne wie bei Haien. Ein ebenes Gelände, scharfe glitzernde Kieselsteine und überall Fußspuren von Ziegen. Die Hänge der tafelförmigen Felsen sind von einem leuchtenden, von Scharlachrot durchzogenen Hellgrün. Weiße Zelte zwischen den Akaziensträuchern. Eine zitronengelbe Wespe ist ganz bei der Sache.

»Von Erdnüssen«, sagen sie hier, »bekommt man Krebs.«

Néma

Der Gouverneur. Er trägt einen kleinen Schnurrbart. Seine Augen blicken traurig und dekadent. Er liegt, statt zu sitzen. Weiße Gewänder. Masseur. Pillen. Pillen gegen Blutandrang. Chinesische Pillen. Französische Pillen. Schweizer Pillen. Sein Mitarbeiter hat einen runden Kopf und Blumenkohlohren. Der ehemalige Botschafter Malis in Dschidda, elegant, dekadent. Handbewegungen. Begleitet wird er von einem riesengroßen bärtigen Neger in grünem Satin und seinem ständigen Musiker in kühlem Rosa, dessen lange Finger auf einer Gitarre zupfen. Die Chauffeure sind zum Lunch eingeladen – »*comme nous sommes maintenant démocratiques*« –, doch man bringt sie dazu, sich dermaßen unbehaglich zu fühlen, daß sie gehen. Dann folgt das ewige Gejammer über die Dienstboten. Die Dienstboten des Gouverneurs behaupten, er sei seit sechs Monaten mit ihrem Lohn im Rückstand.

5. März

Wieder mal so ein Tag! Nach einem Besuch beim Gouverneur und einem Bummel über den Markt, um Glasperlen zu kaufen, holte mich der Gouverneur in einem Landrover ab, und wir warteten auf die einfliegende Air-Mali-Maschine. Sie kam nicht – dann stellte sich heraus, daß sie *en panne* war, in Nioro, einer bedeutenden Stadt in der Sahelzone jenseits der Grenze. Aber das macht nichts, sagte der Gouverneur, bis nächsten Samstag sind Sie hier *chez vous*. Ich erklärte, daß ich es mir bei nur vier Wochen in Afrika nicht leisten könne zu warten. »Aber es ist doch so schön und kühl hier.« Ich erklärte, daß es ganz unmöglich sei, doch er verstand nicht. Schließlich schlug er mir vor, auf einem Umweg von rund 2200 Kilometern über Nouakchott nach Bamako zu reisen. Ungerührt fragte ich, ob ein Regierungsfahrzeug zur Verfügung stehe, da er gesagt habe, er könne mich in einem Regierungsfahrzeug nach Tamchaket bringen. Das sei unmöglich, weil die Malier einen Mauretanier verhaftet hätten und das Fahrzeug ohne weiteres beschlagnahmen könnten. Aber Mokhtars

Fahrzeug war etwa 25 Kilometer südlich der Stadt *en panne* gesichtet worden. Mokhtar schlief.

Sobald ich nach Bamako komme – WENN ÜBERHAUPT –, wäre da nicht eine Flasche Champagner fällig?

Nioro du Sahel, Mali, 8. März, 7.00

Ein Sarg brachte mich hierher, jedenfalls ist ein Landsarg besser als ein Luftsarg. Um 6.00 tauchte ein stattlicher schwarzer Gentleman mit seinem Sohn, einem jungen *marchand de perles*, in Mokhtars Hof auf. Sie rückten 2000 heraus, und ich glaubte, es gehe los. Dann brach die Hölle los. Ein kleiner alter Maure kam herbeigestürzt und verkündete, daß die Grenze geschlossen sei. Der Fahrer ließ das Werkzeug fallen und hörte sich zitternd den Wortschwall an. Zwei mauretanische Beamte an der Grenze verhaftet. Der Flug wegen eines Streits annulliert. Mobilisierung der mauretanischen Armee. Krieg stehe bevor.

»Unsinn«, sagte ich zu dem alten Mann, und daß er wisse, daß es so sei. Zwecklos. Also müssen wir den Gouverneur aufsuchen. *Affaire administrative, c'est tout.*

Jetzt ist der Maure vor der Menge lächerlich gemacht und wendet sich gegen mich.

»Wer sind Sie, ein Fremder, um mir, einem Mauren, zu sagen, daß ich mich irre? Ich ahne Gefahr, also habe ich recht, meine Familie zu schützen. *Les petits enfants sont en danger.* Der Wagen wird nicht fahren. Sie haben mauretanisches Ehrgefühl beleidigt.«

Beschwichtigungen, Beschwichtigungen. Händeschütteln. Dann die Ankunft irgendeiner Schwiegermutter, die mitsamt Kind umsonst reisen soll. Beide werden meiner Obhut anvertraut für den Fall einer Konfrontation mit gefährlichen Grenzposten. Dann fuhren wir ein Kamel über den Haufen. Es ging krachend zu Boden. Mit Sicherheit tot. Kein Tier könnte so einen Zusammenstoß überleben. Ich mochte kaum hinsehen. Stieg aus und sah, daß das Kamel fest auf den Beinen stand und seinen Besitzer angriff – wegen dessen Dummheit? – und eine Sattelhälfte auf unserem Kühler verloren hatte. Zehn Kilometer außerhalb der Stadt blieben wir spotzend stehen. Luft im Vergaser, und so hiel-

ten wir an, reparierten, fuhren weiter, hielten an, reparierten, fuhren weiter und legten unseren mühsamen Weg durch die afrikanische Nacht stückchenweise zurück. Als ich begriff, daß die Scheinwerfer nicht mehr funktionierten, überkam mich die Vorstellung, bei einer Art elektrifiziertem Kerzenlicht zu fahren. Zwei Tiere, ich werde nie wissen, was für Tiere, sie sahen aus wie Skunks, rannten vor dem Fahrzeug quer über die Straße. Der Fahrer gab erbarmungslos Gas. Das Gras wurde länger und der Baumbestand dichter, und die Dörfer bestanden jetzt aus stillen runden Lehmhütten, die von Lattenzäunen umgeben waren; die Nomadenfliegen wurden weniger, und um 14.00 kamen wir in Nioro du Sahel an. Dort nahm ich Quartier bei der Polizei.

Am Morgen

Echtes Afrika. Der würdevolle Gang der Frauen in Kleidern mit indigoblauen Streifen und bunten Schals. Das Stampfen von Mörsern. Die Wasserträger. Ein Mann in Lila auf einem grauen Pferd, das er mir zuliebe tänzeln ließ.

In Anbetracht der Größe und Dichte des Baumbestandes, durch den wir in der vergangenen Nacht fuhren, ist die Landschaft bemerkenswert offen. Banyanbäume haben sich der Flora hinzugesellt. Es gibt hier eine herrliche Chaiselongue aus Palmwedeln und Bambus.

Ich werde also einen Tag verspätet in Bamako eintreffen.

Kloakengeruch im Flugzeug. Heller Flickenteppich aus Feldern, ockerfarben und rosa, mit Brunnenlöchern. Arsengrüne Flüsse stürzen in gestrüppreiche Schluchten. Ich mag die Textur oder die Farbe dieses Landes nicht besonders. In Afghanistan ist fast alles, vor allem außerhalb der Städte, eine Augenweide. Hier gibt's nur ockerrote Wüste und ungesundes Grün.

Bamako, 10. März

Nichts ist deprimierender als der Anblick verfallener kolonialer Pracht. Ein Un-Ort – ich hasse tropische Vegetation, Schweiß und eklig süße Früchte.

> Männer liegen in blaßblauen Boubous herum
> Sie halten sich an den Händen
> Kneifen einander in die Waden

Kichern
Und verschlingen vielfarbige Kapseln
Ein Geschenk ihrer chinesischen Freunde
Zusammen mit der jüngsten Ausgabe von
La Pensée Maotsetungienne.

O Niger! Fluß der Sklaven und der Malaria
Und Mungo Park
Ihr seid vom gräßlichsten Grün.

Nächste Seite: Wohnhütten, Westafrika

Oben und gegenüber: Häusliches Leben im Senegal

Nächste Seite: Verlassenes Fort im Sahelgebiet

Pisé-Haus, Mali: Gestampfter Lehm, mit Kuhdung bedeckt

Männer, aufgenommen in Mali

Malier

Pisé-Haus, Mali
Nächste Seite:
Pyramiden in Merowe,
Sudan

DER WEG NACH OUIDAH

2. Januar 1971
Hôtel du Sahel, Niamey, Niger

Wie üblich eine grauenhafte Flugreise. In einer Todesmaschine zusammengepfercht und befördert, abgesetzt auf einem afrikanischen Flughafen, den man mit dem Mond verwechseln könnte, von Taxifahrer und Gepäckträger beschwindelt und in einem dieser anonymen Hotels mit weißen Kacheln, eckigen, kunstlederbezogenen Möbeln und glänzendem Chrom einquartiert. Hinter dem Fenster eine Terrasse mit schlaffen fedrigen Akazien, die sich sanft im Wind wiegen, und dahinter das ansteigende Nigertal – eine mit Bäumen gesprenkelte Ebene.

Wanderte durch die Stadt, zu Museum und Zoo. *Il est interdit de jeter des ordures dans l'enceinte du Musée.* Ein Praescheir hat seine Fangzähne an den frischgestrichenen orangefarbenen Stäben des Käfigs geschärft. Rekonstruktionen von Haussa- und Songhay-Dörfern – Kombination von Indigoblau und heller Kalebasse. Ein buckliger Junge mit Stab und Schale und malvenfarbenem Pullover, der sich wie eine Landschaft über seinen völlig verformten Körper spannt – sein Rücken ist gekrümmt wie die Windungen einer Schlange. Ein Gesicht am Fenster – ein amüsiertes, tolerantes Gesicht –, ein Mann mit Sandalen und imitierten Tuareg-Amuletten um die Taille.

Diese Hauptstädte Afrikas sind ziemlich formlos, hie und da von Akazienpflanzungen und Jakarandabäumen umgebene Betonvillen. Das afrikanische Lächeln ist träge, dumm, voll Gutmütigkeit. Die langsame Prozession der Frauen, die mit ihren Körben auf- und abwandern. Alle Autos, Taxis ausgenommen, werden von Europäern gefahren. Dünne Beine, die auf staubigem Pflaster gehen. Europas glitzernder Reichtum. Hier gibt es nichts Reizvolles, lediglich dumpfe Lethargie.

Ich bewundere diese Kultur nicht sonderlich. Die reine Askese der Wüste sagt meinem nüchternen Gemüt weit mehr zu.

Große, schwarz angelaufene Kessel. Stände – einer ein rötliches Gebilde aus plattgedrückten Blechdosen und braungestrichenem Holz. Quer darüber, in kritzligen weißen Buchstaben geschrieben: *lait frais et lait caillé Amadou Adina Nr. 1.*

Meine Füße schmerzen. Die für teures Geld in London gekauften Basketballschuhe drücken. Ich muß eigenartig verformte Füße haben.

Ein Mann auf einem Pferd – ein Grauschimmel mit einem rötlichen Schimmer im Gesicht. Frauen mit großen, goldenen Kalebassen auf dem Kopf. Sie haben ein erstaunliches Gefühl für Gleichgewicht. Zierliche kleine Frauen mit geschrumpften Brüsten tragen ein Paar Kalebassen, gefüllt mit Hirsemehl. Das Ausmaß, in dem eine afrikanische Mutter eine selbstgenügsame Einheit ist – Ernährerin usw.

Die Marktschreier scheinen eine Kaste der Haussa aus Nigeria zu sein. An ihren Ständen kleben Plakate mit den Porträts der »nationalen Herrscher« des Landes. Die Einheit liegt ihnen am Herzen. »Einheit ist Stärke.«

Die Franzosen haben immer das Allerschlechteste ihrer Kultur in die Kolonien exportiert. Doch die Kombination ist nicht unerfreulich.

Fleischverkäufer mit Sturmlampen. Nabelbrüche treten wie wunderliche tropische Früchte an Kinderbäuchen hervor.

Ein Gartenrestaurant. Ich trank ein Bier an einem Tisch mit rotgepunktetem Tischtuch. Moskitos stachen in die Schwielen an meinen Fingern. Kühl, sogar recht kalt. Meine Rückenschmerzen sind völlig verschwunden. Für derartige kleine Wohltaten kann man dankbar sein. *Il n'y a personne.* Manchmal sind Gäste da, manchmal überhaupt keine, sagt der Boy. Doch auf der Speisekarte werden frischer Kaviar, Blinis, *terrine de faisan* usw. geführt. Eine Hure trat an den Nebentisch und begann einen Franzosen zu ohrfeigen, der ein gelbes, mit Palmwedeln gemustertes Hawaiihemd trug.

Der Sonnenuntergang ließ ein Abendrot zurück. Streifen am Himmel, von Dunkelblau zu Grau bis Hellrosa. Hügel auf der anderen Seite des Flusses sind in zwei Schattierungen von Grau getaucht. Das Licht des Himmels spiegelt sich im Fluß.

Der Geruch Afrikas.

Mehrmals hintereinander afrikanischer Schlaf, von dem ich mich jetzt teilweise erholt habe.

Glänzende, scharf umrissene Stämme von Papayabäumen vor dem silbrigen Fluß.

Die Ausführlichkeit der afrikanischen Toilette. Sie sind viel sauberer als wir. Sandalen, Fahrräder, Unterhosen und glänzende Haut, alles wird im Fluß gewaschen. Ein Mann in einem blauen Boubou, der einen zentnerschweren Sack auf dem Kopf balanciert, geht zum Urinieren in die Hocke.

Die Mauern. Ich mag die Mischung aus Lehmtünche, Stroh, Zuckerrohr, verbeulten alten Blechdosen, kleinen grünen Plastikteilchen und gelblichen Steinen.

Eine Gruppe von Amerikanern am Nebentisch. Er stellt sich großartig als stellvertretender Direktor des Peace Corps vor, womit er mir zu verstehen gibt, daß ich kein Recht hätte, mehr als ein paar Worte an ihn zu richten. Ihre Unterhaltung ist so banal, daß sie schon wieder faszinierend ist. Sie dreht sich um die Vorzüge dieses oder jenes jüdischen Schauspielers im amerikanischen Fernsehen. Beide Frauen sind knallhart und nichtssagend, die Männer sind unscheinbar. Sie sind redlich und spießig und möchten Vizepräsident Agnew kennenlernen und den Schwarzen helfen. Arme Schwarze.

Wohin kann ein Mann gehen, um diesem banalen Geschwätz zu entkommen?

Ich gehe zum Hotel zurück.

7. Januar

Busfahrt nach Birni-Nkonni. Der Niger ist olivgrün. Peul mit Hüten hacken die Straße auf. Erdnüsse sind zu kegelförmigen Haufen aufgetürmt. Felsgestein im Fluß. Grüne Vegetationsinseln treiben flußabwärts. Das Land ist grünlich-ockerfarben wie ein Löwe. Dörfer wie Pilze. Skelettartige Bäume in der flimmernden Hitze.

Zwei maurische Marabut auf Reisen. Sie kommen aus Néma in Mauretanien und sind anscheinend zufrieden, dort gewesen zu sein. Sie sind sechs Monate im Jahr unterwegs. Den nächsten verbringen sie in Néma. Einer (»un grand marabout«, vertraut er mir an) wird die Scheichtümer in den Kamerunbergen besuchen. Sein Begleiter hat die überraschende Physiognomie, die mir bei den Mauren aufgefallen ist. Hohe Wangenknochen, langer, wohlgeformter Kiefer und spitz zulaufendes Kinn, das von einem kleinen Bärtchen noch betont wird. Die Eleganz der Mauren. Der saubere, asketische Wesenszug des Islam. Der Geruch hat selbstverständlich nicht das geringste mit dem zu tun, womit man in einem europäischen Bus rechnen kann.

Der Fahrer ist ein zäher Kerl mit einer Lederjacke und einem rotweißkarierten Turban, der den größten Teil seines Gesichts bedeckt. Eine Sonnenbrille gibt ihm totalen Schutz.

Die Frauen reißen Streifen vom Zuckerrohr ab; es hört sich an, als wäre es Klebeband. Hitze kann das Gespräch der Frauen nicht unterbinden. Ein Kind mit großen, goldenen Ringen in den Ohren. In welchem Alter werden sie ihnen durchbohrt?

Vorbei an großen Ali-Baba-Faß-Getreidespeichern, die auf Pfählen stehen, riesigen Straußenvögeln ähnlich. Bäume wie grüne Puderquasten. Pferde fressen verblichenes Gras. Die roten Straßen Afrikas. In der Werbung für *Bière Nigérienne* das Photo einer Blonden. Bettelschalen aus goldenen Kalebassen, mit Bast ausgebessert – schimmernde Zähne und spindeldürre, gerade Beine. Jemand, der stark süßlich riecht, hat den Bus betreten. Bis jetzt war er geruchlos. Als ich den Mauren aus Néma sah, hatte ich das Gefühl: Reisen holen das Beste aus dem Menschen heraus – diese Reise holte das Schlimmste aus mir heraus.

Birni-Nkonni

Kam im Dunkeln hier an und aß in einem erbsengrün gestrichenen Restaurant namens *Le Lotus Bleu* zu Abend. Die *Patronne* war eine Mischung aus Vietnamesin und Negerin, ihre Speisekarte enthielt als Tribut an ihre orientalische Vergangenheit ein paar vietnamesische Gerichte. Dann nahm mich ein charmanter, sich selbst verachtender Martiniquese in Beschlag, der ein leuchtend scharlachrotes Hemd trug und 1968 während der *événements* Student in Nanterre gewesen war. Sein Freund vertiefte sich den ganzen Abend lang im Licht einer Spirituslampe in mein Buch.

Chez Vietnam

Eine Balustrade aus Beton und schwarze Frauen, die mit Halbmondkalebassen die ockerfarbene Landschaft heraufkommen, hellblaue Tücher um den unteren Teil ihrer Brüste gewickelt, die wie plattgedrückte Kuverts herabhängen. Die Haussa haben Schmucknarben, die aussehen wie Katzenschnurrhaare. Diese Narben machen das Gesicht zu einer künstlichen Landschaft, schneiden sich mit den natürlichen Konturen. Die Peul haben kleine blaue Dreiecke unten an den Wangen. Reiche Männer in lavendelblauen Kattunboubous, orangerote Mützen, Karomuster in hellen Farben. Milane und fedriges Laub. Lehmmauern. Der den roten Staub aufpeitschende Wind dringt in Augen und Haar. Der Staub macht das Haar steif wie Draht. Ein Junge, der aussah, als hätte er rotes Haar, bis ich bemerkte, daß er von Staub überzogen war.

Ausgeweidete Autos wie Tiergerippe. Die Hunde sehen aus, als wären sie tot – ausgebleicht. Die staubfarbene Pudeldame der *patronne*. Abstehendes borstiges Haar – die Rundung ihrer Hüften, als sie einen Hühnerknochen auffrißt. Ihre winzigen Füßchen und O-Beine, die sich an der Kniescheibe verengen wie eine Sanduhr.

Die Jungen spielten Fußball. Wenn einer den Ball kickte, begann der andere eine Pirouette zu drehen.

Ein bärtiger Franzose und ein Freund kamen herein – entzückt die Frau, die vor Freude kreischte und sagte, sie hätte eine Wurst speziell für ihn. Er wollte keine Wurst, aber er wollte *café au lait*, und sie versprach ihm *un bon biftek bordelais*, aber wieder sagte er, er wolle einen *café au lait*. Sein Bart war in der Mitte gescheitelt, sah fast aus wie die Flügel eines Schmetterlings.

Ein Gesicht tauchte über der Mauer auf – ein Peul mit kantigen Zügen und einem Strohhut, der wie ein altmodischer Bienenstock aussah, und mit einem Mund voller Zähne rötliche Kolanüsse kaute, die beim Sprechen in kleinen Stückchen mit dem Wind davonflogen.

Die *patronne*, die ein Steak kauft, fummelt mit ihren plumpen Fingern daran herum. *C'est dur, cette viande* – ihr mißfällt das gelbe Fett. Ihr Innenhof ist mit orientalischer Reinlichkeit gescheuert. Große Silos, fünf Meter hoch. Die Jungen bringen einem magere, gebratene Hühner, die Köpfe sind noch daran, sie sind mit scharfem Pfeffer gewürzt, der einem an den Lippen hängenbleibt. Sie schneiden die Köpfe mit dem Messer ab, trennen vorsichtig den Hals vom Rumpf, als würden sie Wurzelgemüse ausgraben.

Ça va – das ist alles, was sie sagen.

Tuareg-Junge mit einem ebenmäßigen, hübschen braunen Gesicht und kurzgeschorenem Haar. Er steht still und stumm da – ernst wie eine Skulptur, bis er lächelt – ein aufleuchtendes, freundliches, flüchtiges Lächeln –, dann ist er wieder stumm und ernst. Geht am Zimmerrand entlang aus Angst, irgend etwas in der Mitte zu stören. Sein Chef, der Martiniquese, spielt während der Nacht Flöte. Er kann es nicht besonders gut.

Es klingt wie Papier – Sandpapier –, wenn der Junge über den Boden schlurft.

Morgen früh werde ich auf der Suche nach den Peul zu einem Markt fahren, der Tamaské heißt.

Die scharfe Morgenluft vermischt sich (am Rand der Stadt) mit dem Geruch menschlicher Exkremente. Perlhühner auf den Dächern. Der angenehme Geruch von frisch gedroschener Hirse.

Gestreifte Bündel, manchmal eine Tasche aus blauen und weißen Rechtecken, verblaßtes Indigoblau wie verblaßte Bluejeans und Weiß und das Schwarz, fast Blauschwarz, ihrer Haut und der ockerfarbene Sand.

Ein Mann geht um den Bus herum, schlängelt sich durch die Guavenverkäufer, bleibt hin und wieder stehen und stampft mit dem großen Zeh auf den Boden, als zertrete er eine Ameise.

Um 13.15 steigen wir aus. Scheckige Kamele, wie ich sie noch nie gesehen habe – weiß mit schwarzen Höckern. Termitenhügel wie Kathedralen. Ein alter Tuareg mit weißen Augen wie Scheiben aus Glimmer. Eine Negerin trinkt aus dem Schnabel eines Kessels und spuckt dann über mir aus. Ein um den Rücken seiner Mutter geschlungenes Kind versucht in seiner Angst, an ihrem Pullover zu saugen.

Ein wunderbarer alter Peul, ein Gentleman in rotweiß gestreiftem Umhang, in einem Auge den grauen Star, hält den Bus mit patriarchalischer Autorität an – und bittet um ein Glas Wasser. Ein anderer Junge springt mit selbstsicherer Miene auf, doch als er den Fahrpreis zahlen soll, bricht er in ein strahlendes Lächeln mittelloser Unschuld aus. Der Fahrer ist ein sehr freundlicher Mann mit einem kleinen Spitzbart.

Tiefliegendes Land, Hirsefelder, korngelbe Stengel in der Erde.

Ich mag nun einmal ausgeglühte Landschaften. Sie passen zu mir. Wir ergänzen einander.

Tamaské

Meine Reisegefährtin ist eine reizende Studentin an der *Ecole des Hautes Etudes* in Zinder. Selbstverständlich empört sie sich über die Gier von Präsident Pompidou, der heute zu einer Rundreise aufbricht, um sich der französischen Mineralreserven zu versichern. Niger ist der drittgrößte Uranerzexporteur der Welt. 10 Prozent für Niger, 80 Prozent für Frankreich.

Märkte im Freien, unter Bäumen. Säcke aus Ziegenfell, manche mit grünen Lederlaschen geschmückt. Dorftrottel liegen im Staub dicht beieinander, das Hemd über den Kopf gezogen, um sich vor der Sonne zu schützen, das Gesäß nach oben gerichtet. Mit kleinen Flicken geflickte Hosen, Fäden wie hingekritzelte Schriftzeichen. Ein alter Mann errichtet einen Stand mit einem Stoffdach, auf das Perlhühner gemalt sind. Ein kleiner Junge spielt mit einer Sprungfeder, versucht, sie sich über das Gesicht zu ziehen. Töpferwaren, die denen des alten Ägypten ähneln – Töpfe und Töpferwaren ahmen Flaschenkürbisse nach. Das Balancieren von Lasten – zwei umgekehrte Töpfe und ein dritter, wirklich schwerer, werden auf einem kleinen Polster balanciert.

Ein Dorf – runde Hütten mit Hüten, Getreidespeicher, von geflochtenen Zaunmatten und Unkraut gesäumte, sandige Straßen, alle Schattierungen von Ocker und Grün. Mehrere tausend Menschen aus dem Hinterland kommen zusammen und treiben Handel. Haufen von Batterien und Seifenstücken, Dosen mit Tomatenmark, Nescafé, Zündhölzer, Sloan's Wundsalbe. Die schöne helle Farbe der Kalebassen leuchtet gespenstisch, wenn sie bemalt sind.

Die Kalebasse, orangerot oder gelb oder rötlichgelb, symbolisiert die Fruchtbarkeit der Mutter. Nach oben gerichtet, kugelrund, erinnert sie an die Form des Mutterleibs. Wenn man Milch bei den Frauen der Haussa und Peul kauft, mit ihrem geflochtenen Haar und den mit Narben überzogenen Gesichtern, schöpfen sie sie mit Löffeln, die aus kleineren Kalebassen hergestellt sind. Und die herablassende Art, mit der sie sie überreichen, legt den Schluß nahe, daß sie einem die Brustwarze der Großen Mutter zum Saugen hinzuhalten vermeinen und nicht die säuerliche Milch ihrer Ziegen und Kühe.

In Indigoblau gehüllte Frauen mit Korallenperlen. Die Arme mit funkelnden Armreifen behängt – Armbänder aus Perlen und gelben Knochen –, Ringe in durchbohrten Ohren, groß wie Ringe zum Aufhängen von Gardinen. Neben den Milchverkäuferinnen hockt eine gebrochene Frau mit spindeldürren, schorfigen Beinen und glanzlosem Haar, das nicht zu Zöpfen geflochten ist wie bei ihren Gefährtinnen, mit entblößtem Geschlecht auf der Erde. Zu ledrigen Säcken erschlaffte Brüste, die nie ein Kind stillten. Eine gebrochene Frau. Auf ihrem Kopf ein Turm gesprungener

Abomey, Dahomey (heute Benin), 1971. Hier fand Bruce Chatwin den Stoff für seinen Roman *Der Vizekönig von Ouidah* (1980)

Ouidah, Dahomey, 1971

Kalebassen, eine jede kaputt wie ihr Leben, doch zu einer ordentlichen Pyramide auf ihrem Kopf aufgetürmt.

Tahoua

Früh zurück in der Hoffnung auf Schlaf, aber der Lärm aus der Bar wurde lauter und lauter. Fäuste hämmerten auf den Tisch, und es wurde gesungen und gesungen, immer lauter und zusammenhangloser, je mehr Whisky floß. Um 1.30 schließlich dachte ich, daß ein Schluck Alkohol dem Schlaf nachhelfen könnte, zog meine Hose an und kaufte einen Whisky. Die *patronne*, sie heißt Annie, war von Männern umringt, sechs Negern und zwei Franzosen. Einer der Franzosen sagte: *»Vous n'êtes pas la police?«*, und ich verneinte, und das Singen und Hämmern ging weiter. Annie, in einem langen Schottenrock, das kastanienbraune Haar hochgebürstet und pomadisiert, die Augen zu trüben Schlitzen verengt, ihr Doppelkinn größer denn je, quiekte mit geheucheltem Vergnügen, und die Goldzähne blitzten in ihrem Mund. *»C'est pour moi, cette chanson.* Sie singen dieses Lied für mich. *Ecoute, mon cher«*, und sie faßte mich um die Rippen und sagte, es tue ihr leid, daß sie mich geweckt hätten.

Quand on vient à Tahoua
Viens
Voir Annie
Et son whisky
Annie et
Son whisky – immer und immer wieder.

Am nächsten Morgen stand ein feierlich dreinblickender Mann mit einem Aktenkoffer da, und der Miene von Annies Freundin, die ihre Augenbrauen hochzog, obwohl sie kaum noch hochzuziehen waren, war anzusehen, daß der Gentleman das Gesetz vertrat.

Quelqu'un a lancé une tomate au Président Pompidou. Eine junge Studentin bewarf den Präsidenten mit einer weichen Dosentomate, die ihn an der Brust traf. Das erinnert mich an Khartum, als die Königin zu Besuch war. Die Lokalzeitung berichtete: »Ihre Majestät wurde mit etwas beworfen, und das war ein Stück Tomate.«

10. Januar

Lag schwitzend im Schlafsack, heißer und kalter Schweiß um die Hoden, wälzte mich hin und her in Erwartung der Moskitos, die herumschwirrten. Kakerlaken im Zimmer. Annie wurde von ihrem Ehemann verlassen. Jetzt haßt sie alle Weißen und mag Neger. Nur Neger. Die weiße Annie wird vom Stallknecht aufs Kreuz gelegt. Gut für die gute alte Annie.

Wartete neben demselben tropfnassen Baum, wartete und wartete, und es hieß, der Lastwagen werde kommen, und er kam nicht. Der Negerjunge in Jeans und mit Plastiksandalen sagte, er werde kommen. *Je crois Je crois Je crois* sagte er, aber er kam nicht, weil er längst abgefahren war oder gar nicht erst fahren würde. Ich saß neben dem mit rosarotem Oleander bepflanzten, umzäunten Grundstück gleich neben der Kaserne, die eine Kaserne hätte sein können, aber eine Schule war. Die runden, silbergrauen, mit Staub überzogenen Blätter erinnerten mich an Afghanistan, Pflanzen mit giftigen malvenfarbigen und weißen Blüten, die eher Furunkeln oder Pusteln glichen als Blüten, und ihre Früchte waren grün wie schlaffe, breiige Hoden.

Gesprenkelter Schatten, Gras, das unter den Füßen raschelt, Blumen, die der Hitze widerstehen, ausgedörrter Erdboden. Mus Mus Mus – winzige graue Kätzchen, die in einem Haufen Steine scheußlich jammern.

Wunderschöne Haussa in Wasserblau auf schwarzen Pferden, in ihren schwarzen Gesichtern spiegelt sich das Blau ihrer Gewänder und das Blau des Himmels, so daß sie die Farbe des Nachthimmels annehmen, ohne eine Spur Braun darin.

13. Januar

Um halb sieben, sagte er, im weißen Lastwagen. Um halb sieben auf dem Markt, und ein einziger leerer Lastwagen, daneben ein paar Haussa, die etwas Englisch sprechen. Ein Esel grast in der Nähe, ein kalter kalter Wind, und als sich der blaue Himmel grau verfärbt, hört man Schreie von Perlhühnern und jungen Hähnen und das Stampfen von Mörsern. Licht bei der Tankstelle und der leise Singsang des Morgengebets. Morgenflug der Geier, bis sie auf dem Bürogebäude der Compagnie Africaine Française landen. Gestalten treten aus den Schatten hervor, ein Junge mit einer orangeroten Mütze und ein verschleierter Mann mit einem Turban, und der Lastwagen beginnt sich von selbst zu füllen.

Pathologisches Wandern gehört zu den Peul. Während einer der großen Dürreperioden im 19. Jahrhundert wurden die Hirten wahnsinnig und wanderten auf der Jagd nach Phantomvieh durch den Busch.

Milane werfen ihre Schatten in den Hof. Ein alter Mann mit einem Schnurrbart wie ein Oberst, ein Geschirrtuch auf dem Kopf, salutiert vor einer Militäranlage der Franzosen.

Man sagt, daß die Tuareg-Jungen während der ersten beiden Schuljahre immer die intelligentesten sind, doch die Neuheit des Lernens verbraucht sich schnell, und im Bewußtsein ihrer rassischen Unterlegenheit verweigern sie Arbeit. Diese Weigerung läuft natürlich auf einen rassischen Selbstmord hinaus. Sie werden immer mehr in die Enge getrieben.

Die Bozo sind schwarz gewordene Tuareg, die in Dörfern leben, Land bebauen, aber Tamaschek sprechen und den Schleier tragen. Recht beunruhigend.

Die Peul sind völlig ungeeignet für jede Art von Handwerk. Die Haussa sind tüchtige Geschäftsleute.

Sitze sehr bequem in der Ecke des Lastwagens. Es ist nicht mehr so kalt.

16. Januar

Werde keinen Lastwagen mehr in Eile mieten. Die vergangene Nacht war weniger unbequem, ich lag auf einer Matratze, aber eine Nadel stach mir in den Hintern, wenn ich eine bestimmte Position einnahm. Kam in der Morgendämmerung an und konnte die erstaunliche Silhouette des Minaretts sehen, das mit hölzernen Stacheln bewehrt war wie die Wirbelsäule einer ausgestorbenen Tierart. Agadès im Morgenlicht. Eine andere Welt, die Welt der Wüste. Goldene Sonne fällt auf die gezackten roten Lehmmauern, Elstern flattern um die Moschee, und über mir das schreckliche Blau des Himmels.

Die Wüstenmenschen sind sofort an ihrem strahlendweißen Lächeln zu erkennen.

Der Ringkampf der Haussa – aufgeputschte, schweißglänzende, unglaublich zähe Jungen, schlanke, biegsame Muskeln in Tierfellen, mit Augen am Gesäß und einem Schwanz anstelle der Nase.

Die Häuser der Haussa sind schlammfarben, das Äußere hat die Struktur eines weichen Badehandtuchs. Innen eine Säule, die ein Gewölbe aus Dornbuschästen stützt, es riecht nach Gummi. Die Tür besteht aus dem Deckel einer Ananasdosenkiste aus der Elfenbeinküste. Stolperte über eine alte Champagnerflasche. Eine Wasserschüssel, die eine Jungfrau aus dem Neolithikum hergestellt haben könnte. Und ein altes französisches Feldbett, liebevoll mit Kamelleder bezogen. Fühle mich hier zu Hause. Bin zufrieden damit.

Einkauf mit El Hadsch Dilalé. Mußte alles tragen – Säcke, Kuskus, schmutzigen Reis, rötliches Steinsalz, getrocknete Tomaten, Zucker, grünen Tee usw. Der Reis stammt von einem Händler – »Du wirst dort alles andere finden.« Ein sehr weltmännischer und überheblicher Händler mit Goldzähnen und einem hellroten Boubou nahm eine Plastiktüte als Maßeinheit für Kuskus. Ein anderer, sehr liebenswerter Mann bemühte sich, mir nicht zu viele Fragen zu stellen. Dilalé kritisierte meinen Boubou, weil er im Bozo-Stil und daher minderwertig sei.

Durchfall. Im Schlafsack in meine Unterhose geschissen. Schrecklicher Tagesanbruch. Beschloß, nicht hinzugehen. Dann

79

Feigheit – Angst vor der Feigheit – vor allem in Gegenwart von El Hadsch Dilalé. Dann Angst vor dem Führer. Dann weitere Einkäufe in dem kleinen Laden: Makkaroni, Öl und Seife. Der Führer mit dem durchtriebenen Blick, dem ich nicht traute, ist Gott sei Dank entlassen worden. Ersetzt durch ein charmantes Individuum mit lächelnden Augen.

En marche
(Habe Datum völlig aus den Augen verloren)

Haubenlerchen und Schwärme schwarzer Sittiche flitzen hin und her und stieben auseinander. Stille bis auf das Knarzen der Sättel. Das Kamel ist fügsam und verläßlich. Das Lachen der Frauen klingt wie sprudelndes Quellwasser.

Das Kamel hat das eleganteste Arschloch aller mir bekannten Tiere, nicht zu vergleichen mit dem fleischroten Rektum eines Pferdes. Und es produziert den erlesensten Kot – ein ordentlicher elliptischer Haufen, der in der Sonne schnell hart wird. Ähnelt in Form und Struktur einer Pekannuß.

Azel

Eine gastfreundliche Gruppe von Leuten. Sie sprechen etwas Französisch. Kamele abgesattelt und der Obhut eines kleinen Jungen übergeben. In einer Hütte aus Palmenfasern – wunderschöne Konstruktion – liegen schlichte ovale Matten im Gegensatz zu den gräßlichen vielfarbigen Dingern in der Stadt. Durch die Askese der Wüste geläuterte Negergesichter. Doumpalmen mit scharfen Stacheln wie die eines Seesterns.

»Weite Reise, aber in zehn Tagen werdet ihr es schaffen.« Immer wieder werden Einzelheiten der Route erörtert.

Berittene Kameltreiber in Blau kommen durch die gelbe Sandwüste. Dreifaches Händeschütteln bei der rituellen Begrüßung. Als zwei Nomaden aus einem Dorf auf unserer Route wiedererkannt.

Halt in einem Dorf. Unser Führer Fatim Ata holt mit strahlendem Lächeln ein *carré d'agneau* aus einem Ledersack und hängt es an einen Dornbusch. Ein mit blauem Band in Polyäthylen verpackter Dolch aus der Bronzezeit wird feierlich ausgewickelt. Unverändert seit neolithischen Zeiten bis auf die eiserne Klinge. Fatim Ata traut mir einen enormen Appetit zu. Nimmt das Fleisch, kratzt den Staub ab, durchbohrt es und schneidet kleine Stückchen ab, die er in den Topf und die Bratpfanne legt. Ein blaßblaues Tuch wird auf der Matte ausgebreitet. Fliegen summen um einen schwarzen Topf. Ich höre, wie die Kamele ausgetrocknete hellgrüne Blätter zermalmen, die eine Art gelber Warze haben. Rieche den Atem der Kamele. Fliegen sitzen auf der Messerklinge.

22. Januar

Verbrannte mir die Finger am Topf – und Fatim Ata segnete sie, rasselte drei Gebete herunter und spuckte sie dreimal an. Meine Sonnenschutzcreme hat ebenfalls zur Heilung beigetragen. Die Brandwunde ist heute morgen verschwunden. Fatim Ata ist hocherfreut, daß seine Gebete Erfolg hatten. Wer kann sagen, welches die heilende Kraft war?

Morgenkälte. Kauerte mit meinem Kaffee nahe der Glut. Fatim Ata hat sich auf die Suche nach den Kamelen gemacht, während die Sonne am Horizont aufsteigt. Habe ihn gehört, aber er taucht nicht wieder auf. Ist das lahme Kamel wirklich lahm? Vielleicht ist das der Grund für die Schreie. Irgendwo anders heult ein Hund oder eine Hyäne. Sechs Wolkenrippen verhängen die Sonnenbahn. Konnte seine Schritte in mehreren hundert Metern Entfernung hören.

Anna läßt sich beim Feuer nieder. Liegen wilde Kamele in dieser Position? Wie schön sie im Licht sind.

Erstaunlich, wie Fatim Ata die Kamele am Morgen findet. Wir lagerten neben ein paar echten Männern aus dem Busch. Sie sagen, man brauche *sechs* Tage von Agadès. Ein völlig neuer Muskel bildet sich vorn auf meinem Oberschenkel, ein Muskel, der allem Anschein nach bisher nicht existierte. Kommt vom Strampeln auf Annas Hals.

Der Himmel ist zinnfarben, und die Sonne versinkt in ihm. Der schwefelige Geruch der wiederkäuenden Kamele. Die Doumpalmwedel rauschen im Wind, es klingt wie ein Tier, das sich freikämpft.

Nerv im Oberschenkel kneift. Heißer denn je. Windstill. Doumpalmen rascheln kaum hörbar. Fliegen. Die Kamele sind weit zurück. Purpurroter Gipfel rückt näher. Kann Hotelzimmer und Champagner in Niamey kaum erwarten.

Tahoua, 30. Januar

Mme. Annie veranstaltete letzte Nacht eine *soirée musicale* und sieht heute morgen ziemlich mitgenommen aus; fleischige Falten hängen an ihrem Hals wie eine juwelenbesetzte Kette, und ein paar rosarote Lockenwickler zieren ihren Hinterkopf. Dank der Schminke ähnelt sie mehr denn je einem tropischen Fisch.

Equipe Zaza-Bam-Bam et les Suprêmes Togolaises. Die togolesische Band war von übertriebener schwarzer Eleganz, ihre kostspielige elektronische Ausrüstung steckte in Kunststoffkästen, die mit Schildpatt verziert waren. Der Lärm der elektrischen Gitarren war furchtbar, viel Rhythmus, aber ohne jedes musikalische Verständnis.

Mme. Annie singt:

Si j'étais une cigarette
Entre tes doigts tu me tiendrais
Et sous le feu d'une allumette
Je me consumerais pour toi.

Der Schulmeister sagt, daß das Leben der Peul einzigartig sei. Daß der Tod einer Kuh, die sechs Kälber geboren hat, von unendlich größerer Bedeutung sei als der Tod eines Verwandten – ein Anlaß für Wehklagen und Totenwachen. Damit die Kinder die Schule besuchen, müssen sie (die Behörden) ein (in Tahoua ansässiges)

Stammesoberhaupt um aktive Mitwirkung ersuchen. Sonst verschwinden sie in den Busch – nach Mali oder in den Tschad – und werden nie wieder gesehen.

Besichtigte ein an einem Berghang sich erstreckendes Dorf mit einem einzigen weißen Haus. Kehrte dann in die Stadt zurück, um der Auflösung einer politischen Versammlung in der *Maison du Parti* beizuwohnen. Ein Lehmbau knapp unterhalb des Schlachthauses, aus einem einzigen Raum bestehend, wo am Morgen über die sexuelle Freiheit von Teenagern diskutiert worden war.

Birni-Nkonni, 5. Februar

Bin erst seit einem Monat in Afrika, und es scheint mir eine Ewigkeit. Nichts Besonderes zu berichten, abgesehen vom außergewöhnlichen Profil der Vietnamesin. Wie gern würde ich ihre Gedanken erraten können. Sie ist heute morgen leicht erkältet. Der staubfarbene Pudel ist nach wie vor allgegenwärtig.

Schlief im Haus des Martiniquesen, in einem sauberen Bett diesmal, nicht auf dem Boden. Er klagte, daß das Alphabetisierungsprogramm dem Erlernen von Französisch gleichkomme. Kein Gedanke daran, daß Haussa oder Dschima oder Tamaschek in Schriftform gebracht würden. Damit will man erreichen, daß die gesamte Nation Französisch spricht und ihre Beziehungen zu Frankreich verstärkt werden. Ich habe meine Zweifel. Ich glaube, daß alle, die Französisch sprechen, ein Gefühl von Frustration und Unzulänglichkeit und einen Haß auf Frankreich entwickeln. Der Präsident vertritt die Meinung – keine unannehmbare Meinung –, es sei besser, von Leuten neokolonisiert zu werden, von denen man sich teilweise befreit habe, als die Schleusen für fremde, mit orientalischem Fanatismus eingefärbte Ideologien zu öffnen.

Le Lotus Bleu. Kleine vietnamesische Crêpes, in eine Soße getaucht, der man eine andere Soße hinzufügt, die den Geschmack der ersten Soße aufhebt. Dann ist die Crêpe soweit, mit Zweiglein frischer Minze in ein Salatblatt eingewickelt zu werden. Der Geschmack der frischen Minze hebt den Geschmack der zweiten Soße auf.

Häuser wie Aquarien. Betonwände. Himmelblaue Türen. Kinder, die Fangen spielen auf einem weißblauen Podium, das wie ein umgestülptes Schwimmbecken aussieht.

Der Bus

Gott, worauf habe ich mich bloß eingelassen? Ich bin der letzte Fahrgast, das allerletzte Wunder, das beim Überfüllen eines afrikanischen Busses stattfindet. Von jetzt an erster Klasse im Zug. Nach Abomey. An einen Ort mit dem bezaubernden Namen Dassa Zoumé.

Eine Frau, deren Haar zu zehn Zentimeter langen Stacheln zusammengebunden ist, eine Art klassischer Verkörperung des Sonnenaufgangs, die Illusion wird noch verstärkt durch die Wolke aus morgenroter Gaze, die es umhüllt. Der Mund ihres Babys läßt nie von ihrer Brust, sein Händchen läßt nie von ihrem Mund.

Dahomey

Dieses Land, über das ich absolut nichts weiß, wird mir immer als das Land mit dem untadeligen Zug in Erinnerung bleiben. Ich war – wie ich schon sagte – der allerletzte Fahrgast in dem überfüllten Bus und konnte mir nur dank meiner Persönlichkeit einen Weg hineinbahnen, das heißt mit weißer Sturheit. Der allerletzte Fahrgast, bis sich am Stadtrand eine riesige Negerin in blauweiß bedrucktem Kattun auch noch hineinhievte. Da ich wegen meines Verhaltens Gewissensbisse hatte, ließ ich sie – als Frau – vorbei, was keinem Afrikaner im Traum einfallen würde. Das war ein Fehler. Sie nahm die kostbaren zehn Zentimeter Extraplatz für meine Füße für sich allein in Anspruch. Schlimmer noch, sie brachte zwei Kleinkinder mit. Mit dem einen verfuhr sie wie mit einem Kopftuch, mit dem anderen wie mit einer Handtasche. Zudem hatte sie eine große Emailleschüssel dabei, gefüllt mit Hirsebällchen, Huhn, Ananas, Papayafrüchten und harten Eiern – wovon sie niemandem etwas abgab. Ich war gezwungen, auf der – harten – Kante eines Blechkoffers zu sitzen, zwischen den Beinen eines verträumten, hochgewachsenen Individuums. Die Fahrt dauerte 14 Stunden. Nach Ankunft in Parakou ging ich zum Hotel, dessen Personal ich immer in dankbarer Erinnerung behalten werde. Vielleicht schicke ich ihnen sogar eine Postkarte. Innerhalb von zwei Minuten brachte man mir *café au lait*, Butter, *confiture fraise*, heißes frisches Brot. Dann stieg ich in ein Taxi und zwei Minuten vor der Abfahrt in den Zug.

Abomey

Die Vegetation hat sich vollkommen verändert. Es wird einige Zeit dauern, bis ich mich daran gewöhnt habe. Der Anblick von Schlacke und Lava deprimiert mich. Tote schwarze Skelette. Große, schwarze, phallusartig geformte Schoten in den Bäumen, die keine Blüten haben. Gehören zur Familie der Palisander- und Akazienbäume.

Der König von Dahomey war in alten Zeiten eine bedeutende Persönlichkeit. Die Fon stellten einige der bemerkenswertesten afrikanischen Skulpturen überhaupt her. Eine männliche Figur mit Feuerhaken im Hut im *Musée de l'Homme*. Die Sklaven wurden von der Küste größtenteils nach Bahia in Brasilien gebracht, und die Kulturen haben viel gemein. Da ich unbedingt nach Bahia möchte, werde ich die Augen offenhalten.

Nicht nur die Vegetation hat sich verändert, sondern auch die Gastronomie. Man nehme den Lunch. Zum Aperitif – Kokusnußmilch. Gefolgt von gegrilltem Aguti, Yamswurzeln, Ananas. Das Agutifleisch war köstlich, schmeckte nach Wild und war kein bißchen zäh. Die Einheimischen erlegen die Agutis mit Pfeil und Bogen.

Der Palast der Könige von Dahomey. Architektonisch unbedeutend, aber keineswegs eine Beleidigung fürs Auge. Langgestreckte, flache, strohgedeckte Säle mit polychromen – jetzt natürlich aufpolierten – Tafeln, die die Könige über ihre eigene Geschichte und Heldentaten belehrten. Die Reihe der bis auf das Jahr 1600 zurückgehenden und bestens erhaltenen Thronsessel war besonders interessant – ebenso die Zeremonienstandarten aus geschmiedeter Bronze, deren Stil sich mehr als 300 Jahre nicht verändert hat. Von Engländern geschenktes Eßbesteck als Gegenleistung für Handelskonzessionen.

Maison de Fétiche Sabata. Danse Sabata. Unter einem Banyanbaum. Langsames Schreiten – langsame Schlange. Vier Frauen in Blau, eine mit einem Beil. Die fünfte in einer zweistufigen Krinoline und mit Kopfschmuck aus weißen Reiherfedern. Ein Mädchen mit Federbusch, Rock und Fächer aus purpurroten Straußenfedern. Die Frauen wischen einander über die Köpfe. Die Sonne geht hinter den Bananenstauden und Kokospalmen unter. Lauter Trommelwirbel. Schriller Gesang. Sie gehen um das Orchester herum. Jungen in Krinolinen und Capes kommen dazu. Außerdem zwei Männer mit dem Namen des Fetischs ZODJI in grünen Samtbuchstaben. Sohn des Königs Ma Bou. Die Bitte an die Vorfahren, als Kinder auf die Erde zurückzukommen. Der Gott wird aufgefordert zu kommen.

Das Schauspiel, dem ich gestern abend beiwohnte, inspirierte mich zu Gedanken über den Charakter ritueller Darstellungen und das Theater im allgemeinen. Die Darsteller sind im Stande der Gnade und unnahbar. Ein Kreis am Boden, den niemand betreten darf, trennt sie von den Zuschauern. Die Spieler raufen und drängen sich aneinander, eine Vielzahl schweißtriefender Körper, die sich aneinander reiben und diese Grenze nie überschreiten. Die Tänzer, die schwere Metalläxte schwingen, verlieren nie die Kontrolle über sich. Keiner kommt zu Schaden. Vielleicht gehört es zur Natur einer Theateraufführung, daß Spieler und Zuschauer getrennt sein müssen.

Die Handlung eines rituellen Dramas ist immer einer höheren Idee unterworfen, die auf ein wichtiges Element des Lebens Bezug nimmt.

Cotonou, 9. Februar

Habe einen schlechten Anfang gemacht mit dem *Hôtel du Port*, unter dem ich mir irgendeinen altmodischen Schuppen vorstellte, wo sich mittellose Weiße auf einen Ricard und eine Hure treffen. Statt dessen ein höchst modernes Motel mit Swimmingpool und strohgedeckten Strandhütten. Das Äußere machte einen eher vielversprechenden Eindruck, kaschierte jedoch nur die tödliche Tropen-Amerikanisierung im Innern. Es ist rührend, bis zu welchem Grad die Exkolonisten ihre gastronomischen Bande zu Frankreich aufrechterhalten. Ich esse einen *bresse bleu*, der in den Tropen aprikosenrot angelaufen ist.

Noch immer Schwierigkeiten, alles zu verarbeiten. Die Wellblechschuppen, die mit ihren weiten Überhängen Gürteltieren ähnlich sehen, rosten und sind mit rostbraunem Staub bedeckt. In den braunen und cremefarbenen Bahnhöfen verkaufen die Frauen Anonen. Es riecht nach Schweiß, Obst, Staub. Kümmerliche Ziegen. Am Strand die gerade Linie weißer Brecher, die See blaßblau, fast von der Farbe des Himmels, die gebleichten Rümpfe der Pirogen, die windgepeitschten Kokospalmen, zu deren Füßen sich Meeresschaum sammelt.

Breche von Cotonou nach Ouidah auf (denke an Ouida), während sich hohe Regenwolken zusammenbrauen – vielleicht zu einem Sturm.

Nächste Seite: Strohgedeckte Häuser in einem Dogon-Dorf, Mali.

Ideogramm in der Sahara

Dogon-Dorf, Mali: Symbolische Dekorationen und (nächste Seite) Getreidespeicher aus Lehmziegeln

Westafrika

Die Sankoré-Moschee,
Timbuktu, Mali
Nächste Seite:
Township bei Johannesburg

Douala, Kamerun

Dakar, Senegal
Nächste Seite:
Baustelle, Westafrika

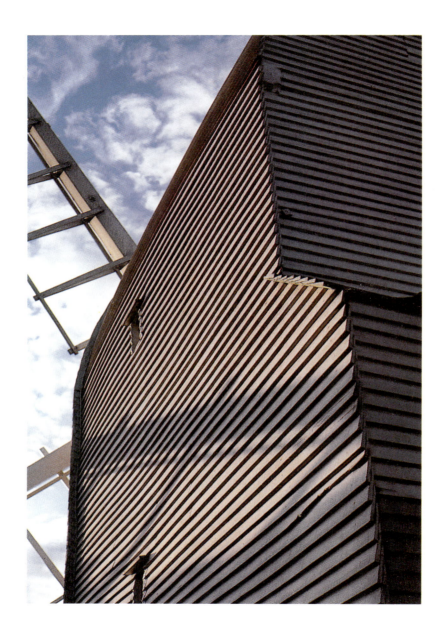

Vorhergehende Seiten, gegenüber und oben: Windmühle, East Anglia, England

Rechts und gegenüber:
Verlassenes Bergwerk,
Wyoming – einst
Territorium des Bankräubers Butch Cassidy
und seiner Bande,
der »Wild Bunch«

Blockhütte in Cholila, Patagonien, 1902 als Unterschlupf von Butch Cassidy gebaut, auf der Flucht vor der Agentur Pinkerton

Wyoming

Maria Reiche, eine deutsche Mathematikerin und Geographin, die ihr Leben der Erforschung der »Nazca-Linien« in der Pampa de Ingenio gewidmet hat. »Die Oberfläche der Wüste ist von einem Netz gerader Linien durchfurcht, die wie das Werk eines sehr sensiblen abstrakten Künstlers aussehen.«

Die peruanische Wüste

Der Pacific Highway durchschneidet
die »Nazca-Linien«

Rechts: Maria Reiche
Nächste Seiten:
In Patagonien

Ohne Titel

Marinekadett, Türkei

Katmandu, Nepal

Lissabon, Portugal:
Als Vogelkäfig verwendeter
Fernsehapparat

Einsiedelei, Khumbu, Nepal

Khumbu, Nepal

Marktstand, Türkei

Sherpa-Haus, Khumbu, Nepal
Nächste Seite:
Mauer aus Manisteinen in Khumbu, Nepal

Khumbu, Nepal

Tempel in Khumbu, Nepal

Rechts und gegenüber:
Sherpa-Haus
in Khumbu, Nepal

Tempel auf Bali

Rechts: Ohne Titel
Nächste Seite:
Im Ansari-Schrein,
Gazar Gah,
Herat, Afghanistan

VON DER HÖLLE ZUM HIMMEL:
VIER WOCHEN IN AFGHANISTAN

19. Juli 1969, Kandahar

Dies ist ein wahrhaft höllisches Loch! Die Hitze ist unerträglich, drückend und dunstig. Ein liebenswürdiger Polizist begleitete uns nach einigem Hin und Her zu den 49 Stufen, die Peter zu einem griechischen Altar erklärte. Woher er das wußte, wissen nur Gott und das Opfer. Er hätte ebensogut parthisch oder sassanidisch sein können. Weiter zur Altstadt, einer etwa 20 bis 25 Meter hohen, ausgedehnten Erhebung, von der Turmruinen aufragten. Peter mustert die Mauern durch seinen Feldstecher und bemerkt, daß sie griechisch seien. »Woher weißt du das?« »Rechteckig angelegte Befestigungsmauern sind im dritten Jahrhundert vor Christus in Griechenland in Erscheinung getreten.« So zäumt man das Pferd beim Schwanz auf. Für mich sehen sie aus wie die Mauern von Tur.

In blendendweißer Hitze zum *Hôtel de Kandahar*. Wir sind in einem stickigen Drei-Bett-Zimmer einquartiert. Das Coca-Cola ist Betrug, es schmeckt nach Haarwasser. Dieser Ort ist wirklich das Ende der verdammten Welt, und ich habe es immer gewußt.

Ein Junge, nicht älter als zehn, trägt einen jungen Falken. Er richtet ihn ab, um Tauben zu fangen, und frisches Taubenblut

klebt an seinem Schnabel. Die potentiellen, gänzlich unbekümmerten Opfer hocken auf einem Leitungsdraht über dem Laden und gurren leise.

Die Kandahari blicken entweder wild wie Fanatiker oder benommen wie *hashishim*. Nie ist mir soviel Haschisch angeboten worden. Jeder zweite Mann zwischen Zwanzig und Dreißig scheint damit zu handeln. Die Kultur hier ist im *Niedergang* begriffen. Luftlos – eine Staubwolke hängt über der Stadt und löst sich auch nachts nicht auf, wenn die Autoscheinwerfer wie durch einen Nebel auftauchen.

Die Sonne ging völlig untheatralisch unter – hellglühend und golden hinter der grauen Bergkette.

Im Bus

Peter wird von seinen Nachbarn als Spucknapf mißbraucht. Er erklärt, daß er nie wieder mit dem Bus fahren wird. Ich kann mir nicht vorstellen, welche Alternative er zu bieten hat.

In Herat, das in der Hitze dahinsiecht, ist Cholera ausgebrochen. Achtzehn Tote in einer einzigen Nacht. Die Grenze nach Persien ist für Reisende geschlossen.

[Anmerkung der Herausgeber: Bruce Chatwin hatte Afghanistan bereits zweimal besucht, 1962 und 1964. Er kehrte im Sommer 1969 dorthin zurück, zusammen mit dem Dichter Peter Levi; bald danach schloß sich ihnen Chatwins Frau Elizabeth an. Bruce Chatwin hatte die Absicht, ein Buch über Afghanistan zu schreiben, doch nachdem Peter Levi 1972 sein Buch zum gleichen Thema, *The Light Garden of the Angel King*, veröffentlicht hatte, besann er sich anders.]

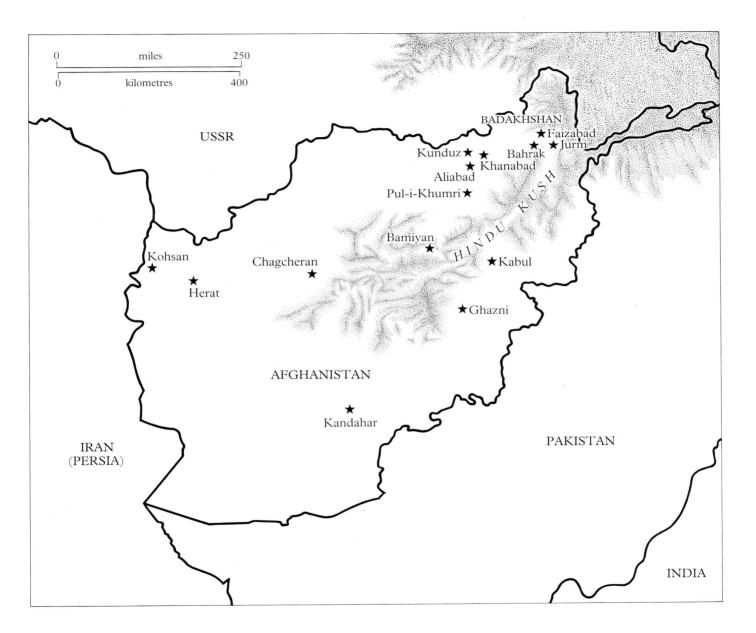

Ghasni

Museum für Islamische Kunst. Prachtvolle Lüster aus dem Palastmuseum sind im Mausoleum von Abdur Razao untergebracht – einem abweisend wirkenden komplizierten und eleganten kreuzförmigen Gebäude.

Der Palast von Masud III. Schöne kufische Dekorationen. Naskhi-Inschriften mit Menschenköpfen auf einer Schale. Widderkopf als Wasserspeier. Eine kleine weiße Gedenktafel ist in die Wand eingelassen, mit *chinesischen* Reliefverzierungen, pseudokufisch, von China übernommen.

Chakhcharan

Das Flugzeug hatte Verspätung, und wir starteten erst nach elf. Der Himmel war grau und staubig, als wir Bamian und Bande-Amir krachend und trudelnd überflogen. Ängstlich halte ich die ganze Zeit nach Felsplateaus oder Flußtälern Ausschau. Erreichen schließlich Chakhcharan, doch statt eines großen Nomadenlagers gibt es nur ein paar verstreute weiße Zelte in der staubigen Hitze am Stadtrand, obwohl wir aus der Luft schwarze Zelte und Jurten gesehen haben.

Auf der Rollbahn begrüßt uns ein untersetzter, dunkelhäutiger junger Mann, einundzwanzig Jahre alt, wie er sagt, der sich auf englisch als Vizegouverneur vorstellt. Er will das Flugzeug nach Herat nehmen und schickt uns in einem Jeep zum Gouverneur. Das Flugzeug startet. Der Gouverneurspalast, wenn man ihn so nennen kann, ist ein trauriges, unansehnliches, klotziges Gebäude. Im Büro des Gouverneurs ein Porträt des Königs, mit rosarotem Satin umwunden. Zuvorkommend veranlaßt er meine Unterbringung im Gästezimmer des Dorfes und teilt uns einen Diener zu, einen Afghanen mit gemeißeltem Gesicht und langem Bart, der es zu Fuß und mit einem Bett schneller dorthin schafft als wir mit dem Auto.

Der Hari-Rud-Fluß glitzert blau. Die Luft ist kühl. Von Westen treiben Wolken heran.

Im selben Haus wie das Gästezimmer ist auch der Generator des Dorfes untergebracht, der jetzt gottlob hinüber ist. Die Decke aus Pappelstämmen, dazwischen Platten aus Humus und Schlamm. Über zwei Nischen hängen zwei Schals, einer pfefferminzgrün, der andere braunrot. Darüber ein Photo von zwei Brüdern oder Vater und Sohn. Vor einem grünen Hintergrund blickt der Sohn starr geradeaus. Der ältere, anzüglich grinsende Mann hat eine Hand auf die Schulter des Jungen gelegt. Ein Spiegel mit einem vergoldeten Blechrahmen und Rosen. Das unvermeidliche Porträt des Königs, ein prächtiger afghanischer Teppich und weitere meist pfefferminzgrüne Spitzenschals.

In der Zwischenzeit war das Flugzeug so herumgestoßen worden, daß es den Flug nach Herat abbrach und wieder landete. Die Sandstürme hatten bereits eingesetzt. Der Vizegouverneur, der sich jetzt als Sohn des Kommandanten herausstellte, kam mit einem Eimer Nektarinen und erzählte uns in aller Anschaulichkeit die Geschichte seiner ersten Ehe. Sie war die Tochter eines Kutchi aus der Gegend von Kandahar. Sie war sehr schön. Er schlief mit ihr. Der Vater wollte sich nicht von seiner Tochter trennen. Er und drei Freunde entführten sie, und er brachte sie nach Kandahar. Die gekränkte Familie ließ ihn daraufhin nach Kabul vor Gericht laden, und in einem Wutanfall erschoß er die Tochter, den Vater, die Mutter und den Rechtsanwalt. Er verbrachte ein Jahr im Gefängnis und entging dem Tod durch Hängen, indem er eine Summe zahlte, die 3500 Pfund entsprach. »*Crime passionel* – niemand ist schuld.«

Er brachte uns in seinem Jeep zu den Nomaden. Es waren Paschtunen aus der Gegend von Gardes, die Jahr für Jahr mit Stoffen, Gürteln und Edelsteinen nach Ghorak kommen und sie gegen Schafe tauschen, die sie dann in Kabul verkaufen. Ein Mann mit blutunterlaufenen Augen und einem dichten, gestutzten schwarzen Schnurrbart, ein anderer mit Katarrh, einem kantigen Gesicht und leuchtendblauen Augen.

»Sie wandern, weil sie kein Land besitzen« – *falsch*. Sie geben zu, daß sie es nicht bearbeiten würden, wenn sie welches besäßen. Ein Mullah ist bei ihnen. Sie haben kein Oberhaupt, seit sie die Berge verließen – ein Zelt gleicht dem anderen. Ihre Familien ließen sie in Bamian zurück. Aufdringlicher Haschischgeruch in den Zelten.

Unser Garten ist weiß Gott eine reizende Angelegenheit. Er ist von Öltonnen umgeben und mit Büschen bepflanzt. Wir saßen in der *tchaikhana*. Die Verlegung des Zeltlebens in einen Lehmziegelbau. Laut Vorschrift muß man die Schuhe ausziehen, bevor man auf die purpurroten Kelims tritt. Ein mit weichen Teppichen ausgelegter Wohnraum. Kann nicht umhin, an den St. James's Club zu denken.

Der Nomadenälteste, dem wir heute morgen begegneten, hatte einen Bruch. Ein anderer hatte Fieber, wieder ein anderer einen Kropf, schmerzlos, aber stark gebläht. Sie zeigten uns ein Lee-Enfield-Gewehr mit einem bestickten Kolbenfutteral, das wie ein Teewärmer aussah.

Im Stall das Schlagen von Pferdeschwänzen, die Sättel, das alte Zaumzeug und schmutzige, verräucherte Boxen. Obwohl es mich schmerzt, besprühe ich meinen Hut mit DDT. Ich glaube, ein Floh hat sich eingenistet.

Ein Jurtendorf der Taimanni, die Zelte sind aus Weidenzweigen, die Türen aus Flechtwerk. Die Spitzen sind bemalt mit rötlichgelben, blauen, weißen, roten, gelben Quadraten und goldenen Spiralen. Eine Kuh wird gemolken. Kinder spielen auf Maultrommeln. Die Frauen kämmen Wolle zu Knäueln. Blieb bei einer *tchaikhana* stehen, die von roten Weidenhecken umzäunt war, Tür und Fensterrahmen hübsch rot, grün und blau aufgemalt. Weiße Samen wehen im Wind, so wie Fische in der See aufblitzen.

Bamian

Buddhistische Fresken.

1 Der Kopf eines Wildschweins auf dem leuchtenden bemalten Plafond. Blau, mit einer rosavioletten Schnauze auf ockerfarbenem Grund.
2 Die beiden Tauben, eine mit einem Schal (!) um den Hals. Hat die Perlenkette in ihren Schnäbeln literarische Bedeutung? Klassischer sassanidischer Einfluß.
3 Kana Majid. Sassanidisch inspiriertes graues Töpfergeschirr . . .

mit engen Spiralen, der Knauf mit gewundenen Antilopenhörnern und tropfenförmigen Augen.
4 Kana Daka. Die Fußabdrücke Buddhas in grauem Ton, jeder Zeh mit einem Hakenkreuz – sehr komisch.

Gelassenheit wird zu halbgarer Dummheit – die Hohlheit eines gänzlich kontemplativen Lebens. Nur ein großer Künstler ist imstande, das Streben seines Schöpfers auszudrücken. Wahre Kunst kann nicht lügen – nicht lange. Darum müssen Fälschungen – jeder Täuschungsversuch – vereitelt werden. Wer falsch zuerkannte Kunstwerke frohgemut akzeptiert, ist selbst *Lügner*.

29. Juli

Am Abend nach Pul-i-Khumri.

Ein weiterer Soldat ist außer sich vor Wut. Er hatte die Pflicht, Autos und Lastwagen an der Weiterfahrt auf der Hauptstraße zu hindern, wo sie eine Baustelle störten, und sie auf eine Sandpiste umzuleiten. Zwei Lastwagen und ein blaues Auto gehorchten nicht. Er ging mit einem hölzernen Beil auf uns los. Stiernackig, die Augen weit aufgerissen, rasend vor frustrierter Männlichkeit, begann er in seiner staubfarbenen Uniform aus heiterem Himmel zu schreien. Das Weiße in seinen Augen blitzte. Dann schien er in Tränen auszubrechen, als der Offizier uns die Weiterfahrt genehmigte. Er versuchte den Wagen ganz allein zurückzuschieben.

Diese jungen Männer haben den Befehl, ihre Stellung um jeden Preis zu halten. Sie sind zum erstenmal aufgefordert, Verantwortung zu übernehmen, und wenn etwas schiefgeht, bleibt ihnen nur die Zuflucht zu Gewalt. Irgend etwas klickt in ihnen, und es ist zu spät.

Aliabad

Ein weißer Hügel neben einem sich schlängelnden Bach. Ein Hühnerflügel treibt ihn hinunter, der Lunch von ein paar Frauen in purpurroten Kleidern, die in wenigen Metern Entfernung mit ihrer Wäsche beschäftigt sind. Zwei Esel fressen, was an Grün geblieben ist. Es ist 9.30. Nach Norden hin das grüne, fruchtbare Kundustal. Rieselfelder erstrecken sich wie Deadham Vale. Der Ort liegt an einer ungeheuer strategischen Position. Drei-Graben-Bewässerungssystem. Strohjurten auf den Hügeln und im Dorf.

Kundus

Eine nach der anderen lösen sich unsere Töpferwaren der Kuschan und des frühen Islam in nichts auf, da wir sie im Basar in Gebrauch vorfinden.

Der Zauberer. Ein knorriger Mann mit einem schielenden Auge, das er rollen läßt, und einem ungewöhnlich beweglichen Kiefer. Das Innere seines Mundes ist rosarot gefleckt und fast zahnlos. Sein Komplice ist ein kleiner Junge. Er hält eine Blechdose mit dünnen sandfarbenen Schlangen wie einen Strauß Blumen, läßt eine von ihnen ihre Fangzähne in seine Hand graben. Er ißt Nadeln, als wären es Spaghetti, und speit sie anschließend würgend in schleimigem Speichel aus. Schafft es auch, mehrere große Kieselsteine zu erbrechen. Schluckt das Geld, das ich ihm gebe, hinunter, zieht es aus seinem Hintern hervor und bringt schließlich mit einem Taschenspielertrick einen hölzernen, erigierten und säuberlich beschnittenen Phallus zum Vorschein. Die Vorführung geht zu Ende mit einer Pseudozaubernummer, die einen Gentleman in Weiß, ein Messer, kritzlige Zeichnungen auf der Erde und eine Flöte einschließt.

Anmerkung zu Zauberern. Wanderschauspieler im Schlepptau von Zirkussen. Unreligiös. Die Erfahrung der Straße entkräftet die Dogmen organisierter Religion.

Ein fürchterlicher Streit mit einem Taxifahrer endet mit einem moralischen Sieg für uns. Ein richtiger Gauner. Maschinen holen das Allerschlimmste aus Menschen heraus. Die leidenschaftliche Liebe zu einem unbelebten Gegenstand scheint ihre Auffassung von Ehrlichkeit zu verändern. Haben ihre eigenen Gesetze. Er ist ein kleiner Mann mit modischem Hemd und gemeinem Gesichtsausdruck. Endgültig beleidigt er uns, als er uns auf der Straße freundlich zuwinkt.

Irgendwann wird aggressive Männlichkeit langweilig. Man sehnt sich nach Frauen. Sehnt sich nach einer Brust, die in der Öffentlichkeit zu sehen ist. Nach der anrüchigen Sexualität, dem erigierten Stolz des heterosexuellen Chors in einer neapolitanischen Straße. Auch begreift man die Anziehungskraft von Jungen, bevor ihnen der Bart wächst; alles, was man hier sieht, sind schwarze Stoppeln und Schnauzbärte wie Zahnbürsten.

Im Fahrzeug befindet sich eine emanzipierte afghanische Frau. Peter hielt sie für einen Mann, einen seltsamen Mann, aber doch für einen Mann. Ihr Haar ist kurzgeschoren, sie trägt ein weißes Nylonhemd und eine graue Flanellhose. Aber sie wirkt entspannter als die einsame Gestalt ganz hinten – die ist von oben bis unten in braune plissierte Seide gehüllt, ihre Haut ist sicherlich schweißnaß und weiß aus Mangel an Sonnenlicht.

Ich sitze in einem Taxi auf dem Weg nach Kabul, zu meiner Rechten ein Huhn oder ein rotbeiniges Rebhuhn, das schräg durch ein Loch in einem weißen, glockenförmigen Kalikozelt mit einer purpurroten Troddel späht. Es ringt nach Luft. Ich auch. Das Huhn bekommt nach vielen unzähligen Kämpfen eine Glatze. Ich auch.

Die Königliche Luftfahrtgesellschaft ist arisch. Die Hotels sind arisch. Der Arische Sturm hängt standhaft über Afghanistan, eine antibritische ideologische Waffe aus den vierziger Jahren, als das deutsche Oberkommando hoffte, daß Afghanistan in den Krieg eintreten würde.

4. August

Auf dem Weg nach Khanabad. Ein Café mit einem von der Decke herabhängenden Punkha und einem freundlichen Punkha-wallah. Unterwegs der Hügel des buddhistischen Khanabad zur Linken, und etwa fünf Kilometer weiter ein großer Hügel wie der Felsen von Gibraltar zwischen den Bäumen. Fahren durch Reis- und Melonenfelder. Der Reis schießt.

Khanabad. Berge von leuchtenden Auberginen, Paprikaschoten und Okra. Fettschwanzschafe gehen schwankend über die mittelalterliche Brücke. Männer in purpurroten Gewändern. Jungen, die sich bei Sonnenuntergang im Fluß waschen. Weiße Pferde zwischen den Pappeln. Kröten in den Reisfeldern. Die Reisbüschel erzittern, wenn das Wasser durch die Halme rieselt. Summende Moskitos im rötlichgelben Licht.

5. August

Knochenbrecherische Fahrt durch Flußbetten. Ein russischer Löffel im Teehaus.

Faizabad. Anscheinend keine Bauwerke von Bedeutung. Eine freundliche kleine Stadt zu beiden Seiten einer engen Schlucht, in die der schlammgraue Kokcha hinabbraust. Ein hilfreicher Polizist, der versucht, unsere Schwierigkeiten mit den Pässen auszuräumen. Es gibt eine Stelle, wo der Fluß durch einen geraden Felsenkanal stürzt. Die Berge sind aus diagonalen Schichten gebildet, wie bei Leonardo.

6. August, Faizabad

Was für ein Morgen. Der Fluß rauscht vorbei, Limonensaft zum Frühstück. Unterredung mit dem Kommandanten, bei der sich selbstverständlich herausstellt, daß unsere Genehmigung falsch ausgestellt wurde und wir den Anjumanpaß nicht überqueren dürfen. Doch ich beharre darauf, nach San-i-Sang hinaufzufahren, und schließlich gibt er nach. Ein dicker Mann mit geschorenem Haar, einem ausdrucksvollen Grunzen und einem pockennarbigen Gesicht, der geschickt mit seinen Tintenfässern herumhantiert, um seine Kenntnisse der örtlichen Geographie zu demonstrieren. Er schiebt sie hin und her nach Art einer Familie aus Virginia, die sich die Schlacht von Gettysburg ins Gedächtnis zurückruft.

Kein Geld. Bank weigert sich, Schecks einzulösen. Eine Fahrt zum Flughafen zu einer ärgerlichen, aber unerläßlichen finanziellen Transaktion mit dem Polizeichef.

7. August

Gehe am rechten Ufer des Kokcha entlang durch ein Dorf mit rosaroten und weißen Maulbeerbäumen und komme an einer eleganten Moschee vorbei, deren Dachsparren sich wie Sonnenstrahlen ausbreiten. Blaue Weiden neben grauen Wassern. Quarz und grüner Serpentin. Staub weht über die Straße nach China. In 300 Kilometern Entfernung das nächste Rote Buch. Graues Wasser strudelt über quarzige Flußsteine, es ist frisch vom Schnee des Pamir. Wind rast das Tal hinauf, von der schwitzenden Steppe wie von einem Vakuum angezogen. Der eiskalte Fluß stürzt abwärts und wird von der Steppe aufgesogen. Der graue Aralsee. Der kalte Luftzug vom Fluß her kühlt unsere Gesichter, und die Bäume spenden den gesprenkelten grünen Schatten, den Andrew Marvell das wechselhafte Licht nannte. Gelbbraune Berge, darunter der hohe Wasserlauf wie eine dünne smaragdgrüne Ader längs der Berglehne, als vermesse er eine Schicht. Überaus seltene Hornisse.

Ein paar Kinder quälen eine Wachtel. Elizabeth kauft sie für einen Shilling, wütend über die Vermutung, daß wir sie verspeisen wollen. Sie wurde in den Bergen gefangen. Ihre Flügel sind gestutzt. Sie bewegt sich nicht. Ihr fehlen Schwung- und Kammfedern.

Faizabad wird ständig verwüstet und vermint. Freundliche Tadschiken sammeln Maulbeeren in einem Laken – stämmige persische Pflanzer, das älteste Volk im Land, das durch die Raubzüge der Sklavenhändler die Täler hinaufgetrieben wurde. Sie haben lange resignierte Gesichter und Hakennasen, behacken ihre mit Korn, Flachs und Melonen bepflanzten Stückchen Land und halten die Bewässerungsgräben in Ordnung.

Ein goldenes Stoppelfeld, an einer Seite vom Fluß begrenzt, und eine Lehmmauer, von einem Schirm hoher Pappeln flankiert, die als Windschutz dienen und um deren Stämme Weinlaub rankt. Tiere grasen unter den Maulbeerbäumen.

Der junge Polizeioffizier hat einen jüngeren Kadetten angewiesen, unsere Aktivitäten zu überwachen und uns vor Gefahr zu schützen. Sultan, der Kadett, ist ein lächelnder Sechzehnjähriger, der in Gegenwart seiner Vorgesetzten zittert. Er hat eine Frau in

Kabul. Er und ein Kamerad gehen auf unserem Spaziergang hinter uns her, machen jedoch hin und wieder einen Abstecher in einen Obstgarten. Der ganze Ausflug entwickelt sich zu einer Beerensammelexpedition. Jubelschreie, während sie über die schwarzen Maulbeeren, roten und gelben Mirabellen und sauren grünen Trauben herfallen, die sich an Weißpappeln hochranken.

»Wie geht es dir?« rufe ich Elizabeth zu, als wir über die steinige Straße rennen. »Der Vogel trinkt«, ruft sie zurück.

Eine Abendgesellschaft, die sich um einen leuchtenden rötlichgelben Jarkend-Teppich und eine Vase mit Blumen sammelt. Auf dem Boden ein blauweiß gestreifter Dhurrie-Teppich. Mohammed Afzal und sein Bruder, der Hakim von Kundus, teilen sich einen Garten mit einem Pferd und einem Zwiebelbeet. Sie haben mehrere Gärten, einen beim Kokchafluß in Bahrak. Außerdem sind anwesend ein amerikanischer Arzt, seine Frau und drei Töchter. Mrs. Frantz, eine Frau Mitte Vierzig mit einem Pioniergesicht, das von Gesundheit und Vitalität strotzt, stammt aus Wisconsin. Es sind in jeder Hinsicht gute Menschen, sachlich und zäh, sie verkörpern das Beste einer bestimmten amerikanischen Tradition.

Elizabeth und ich gehen durch die Felder, scheuchen ein paar Frauen bei der Arbeit auf. Walnüsse, Mirabellen, Aprikosen und purpurrot blühende Luzernen. Photographiere den alten zahnlosen Mann, der seine Aprikosen aussortiert. Das Rauschen der Mühlräder. Die Mauern sind aus großen flachen Kieselsteinen errichtet, die im Fischgrätenmuster in Lehmmauern eingefügt sind.

Finde den Rest der Gesellschaft in einer Weinlaube, ungerührt von einem leichten Erdbeben. Peter spottet über Birmingham, woraufhin ich etwas in Wut gerate. Die Azfals reden über die Unbeständigkeit des Wetters. Die Temperaturen sinken plötzlich, und die Regenfälle beginnen. Je heißer die Sonne, um so schneller die Schmelze, und die Wassermassen strömen den Hindukusch hinunter. Der Fluß kann ohne Vorwarnung bis zu fünf Meter anschwellen, und Faizabad kann zu jeder Jahreszeit von der Außenwelt abgeschnitten werden. Peter stellt die düstere Prognose, daß uns das vielleicht passieren werde.

Die Wachtel ist wieder zu Kräften gekommen und zeigt lebhaftes Interesse an ihrer Umgebung. Elizabeth hat ihr Leiden durch eine großzügige Diät aus Klee, Ameisen und gelegentlich einem Grashüpfer verringert.

Kaouk, das rotbeinige Rebhuhn, junge Hähne und Wachteln, die aus glockenförmigen Weidenkäfigen rufen, Käfige mit rotköpfigen Finken, Hänflingen und Goldfinken – grüne Unzertrennliche und Sittiche, die ich über den Mangobäumen habe fliegen sehen.

Peter sagt, man habe ihn aufgefordert, ein Buch über Balch zu schreiben. Ich pariere mit der Frage, wie in aller Welt er ein Buch darüber schreiben könne, wenn er sich nur einen halben Vormittag dort aufgehalten habe. Er sagt, er brauche einen Monat, um die notwendigen Quellen nachzuschlagen.

Dr. Frantz behauptet, man könne sich nicht genug Champagner leisten, um einen Kater zu bekommen. Peter sagt nichts mehr. Geschieht den Leuten recht, wenn sie über Champagnerkater reden.

8. August, Jurm

Am Nachmittag besteigen wir einen Lastwagen und fahren zu einem Garten am Fluß. Glimmerartiger bläulicher Fluß. Ein kleines Sommerhaus unter den Kiefern, hellrote Rosen und blaßroter Hibiskus mit einem dunklen Kelch wiegen sich im Wind. Die Äpfel sind gut und warm von der Sonne.

Die Karawanserei ist umgeben von Feldern mit Schlafmohn, der weiß und purpurrot gestreifte, architektonisch geformte Samenkapseln trägt. Im Innern Haufen von geäderten und gestreiften Steinen, im Fischgrätenmuster angeordnet und – wie oft – verbunden mit menschlichen Wohnstätten. Blüten purpurroter Disteln, runde Türme aus Lehmziegeln. Üppig wuchernde *Cannabis-indica*-Pflanzen in den Steinhaufen.

Strubbelige Büsche mit runden Blättern wachsen überall in den Bergen. Sie sind klein, die Blätter von einem frischen Grün, die Rinde hellrot. Die Pistazie ist in diesen Bergen beheimatet. Vielleicht erklärt das, warum die Nüsse, die man kauft, so ungewöhnlich gut schmecken.

Elizabeth und ich gehen filmen, bahnen uns mühsam einen Weg durch Felder mit knisternden, knackenden Disteln, bis wir zum Fluß kommen, der durch eine gerade, enge Schlucht bergab braust. Nach Osten hin die Ränder der schneebedeckten Höhen des Kleinen Pamir. Bei einer alten Weide neben einem tiefen Bewässerungskanal habe ich das sonderbare Gefühl, in einem Haschischfeld zu sitzen. Vertrauter, vom Wind herbeigewehter Duft. Ich esse ein paar weiße Blüten und denke an Marco Polo, der auf seinem Weg nach China zwischen mir und den gelbbraunen Bergen auf der gegenüberliegenden Seite vorbeizog, an der Stelle, wo die Reihe Pappeln die Straße säumt.

9. August

Ich erwachte in dem Garten voller Blumen. Rechtecke mit Damaszenerrosen und Hibiskus. Elizabeth sah eine Goldamsel unten beim Fluß. In diesem Land gibt es kein Holz. Ovid wäre kritisch gewesen. Sie haben versucht, 5000–10 000 von der Regierung verteilte Bäume zu pflanzen. Weiden sind weiß hier, rot in der unfruchtbaren Erde von Ghur. Die Rinde von einem glänzenden Graugrün, bis sie platzt und weich wird. Glatte Stämme, ein wenig wie die Glieder eines jungen Mädchens, biegsam und kräftig, und ihre Haare, *comata gracile*, fließen im befruchtenden Nordwind dahin.

Der vielleicht schönste Garten von allen, die ich gesehen habe, war in Bahrak in einer ebenen Wiese, auf der große, vom Wasser herangetragene Flußsteine lagen. Tiere hielten sich im Schatten auf, und ein kleiner Pavillon oder ein Sommerhäuschen stand am Wasserrand. Man darf nicht glauben, daß hinter dem naturhaften Eindruck dieser Gärten nicht große Mühe steckt. Alle Pflanzen, Bäume und Blumen wachsen an einem eigens für sie vorgesehenen Platz. So auch jeder Grashalm. Der Eindruck von Zufälligkeit ist das Ergebnis großer Hingabe und gezielter Anstrengung. Wir beobachteten einen Mann, wie er Disteln köpfte, die eine Lieblingsblume zu ersticken drohten.

Rosen neigen sich über den Fluß. Herabhängende Zweige kontrastieren mit den vertikalen Stämmen von Weißpappeln.

Draußen beginnen zwei Soldaten plötzlich miteinander zu ringen.

10. August, Bahrak

In den frühen Morgenstunden von draußen vor dem Fenster kämpfenden Hunden geweckt. Die Wachtel wanderte die ganze Nacht durch das Zimmer, mit Flöhen, Fliegen und Ameisen beschäftigt. Sie ist von großer Entschlossenheit, hat in ihrem gestutzten Zustand jedoch so große Angst vor der Freiheit, daß sie die Sicherheit des Käfigs vorzieht. Schäfchenwolken am Himmel. Eine kühle östliche Brise weht vom Pamir herüber.

Die Fähigkeit der Chinesen, das totale Paradoxon zu meistern, ist merkwürdig. Konfuzius unter strenger Aufsicht von Lao Tse. Lao Tse muß sein Gesicht zeigen. Weise lächelt er über die Schulter des Vorsitzenden Mao hinweg ein spöttisches Lächeln.

Der wahre Sinn für Steine. Die Art, Felsgestein im Garten anzulegen, ist der japanischen Zen-Tradition verwandt. Bahrak ist ein Paradies für Petromanen; der glatte weiße Granit ist mit schwarzen Punkten gesprenkelt, zerbricht zu polygonalen Fächern und lockt hellrötlichgelbe und blaßmandelgrüne Flechte an. Grünes Moos trocknet in der Sonne und wird schwarz. Die Steine sind glatt und angenehm in der Hand. Ein eisgrüner Fluß schlängelt sich weiter unten davon.

Ein großer erbsengrüner Grashüpfer mit sandfarbenen Augen. Seine Beine greifen mit ungeniertem Behagen nach den Blättern einer Silberweide. Wenn er fliegt, sieht man, daß seine Unterseite dunkelviolett ist.

11. August

Die Hütte des Telegraphisten, wo man uns rote Rosen gab. Die Ladenreihe mit den Holzfassaden, wo leuchtender Chintz verkauft wurde. Die *tchaikhana* mit dem russischen Samowar unter einem Porträt von Mao und dem König, wo sie nicht wußten, wo China liegt, obwohl es nur 200 Kilometer entfernt ist. Das Café

Wellblechdächer

Das Mausoleum von Gohar Shad, Herat, Afghanistan

mit dem alten Mann, der den Lehmboden mit einer Handvoll Zweige fegte. Er lächelte breit, und seltsamerweise war sein Gesicht mit grüner Tinte bekleckst. Der Fleischverkäufer, ein brutaler Mensch mit einem zurückgebliebenen Sohn, sein an Haken hängendes Fleisch, rotviolett im Schatten unter den Weiden, das triefende Fett wie gelbliche Stalaktiten, die herumschwirrenden Hornissen. Die Verkäufer von Bienenwachs und Rasierklingen. Sie schliefen in Bahrak bis um acht, Bündel aus gestepptem Chintz, auf den Matten am Wegrand ausgebreitet. Der Soldat, der den Tee kochte – ein schönes Tier mit geradem Rücken und goldener Haut. Er kam aus Herat, und seine schrägen Augen verrieten seine türkischen oder mongolischen Vorfahren. Die Karawanserei, wo die Lastwagen aus dem Jakland und vom Pamir eintrafen und die Ziegel im Fischgrätenmuster angeordnet waren. Der Basar wurde von Zweigen mit verwelkten braunen Blättern vor der Sonne geschützt. Und das Wunder einer freihängenden Brücke, die sich über den Fluß spannte, der eiskalt vom Pamir herunterrauschte. Sie fingen einen Fisch mit einem breiten, häßlichen Maul und benutzten weiße Maulbeeren als Köder. Pflanzenfett, Limonadenpulver und widerliches Sorbet in alten Whiskyflaschen. Der Mann im Café, der sagte, China sei weit entfernt, sehr weit. »Nicht weiter als Kabul.« »Ja, das stimmt, es ist nicht weiter als Kabul, aber es ist sehr weit entfernt. Ich war nie in Kabul, aber ich war in Faizabad.« Faizabad ist die verwirrende, glitzernde Metropole. Dort gibt es einen elektrischen Generator. Die lächelnden Jungen, die uns Äpfel gaben, und der lächelnde Polizist, der uns daran hinderte, zu tun, was wir wollten. Der dankbare und, ich würde sagen, fast liebevolle Ausdruck in den Augen des Mannes mit der grünen Tinte, der zurückblickte, um mir für die zehn Afghanis (zwei Pence) zu danken.

Lehmziegeldörfer mit einem Basar, dessen Läden zur Straße hin offen sind. Verkäufer mit ausgebreiteten Armen und geballten Fäusten. Die Männer sitzen in offenen Teehäusern, und in der Küche stehen offene Töpfe mit Schmorfleisch und Pilaw auf dem Feuer. Ein Fleischerladen, die Eingeweide liegen auf offener Straße. Hinter dem Basar breiten sich die Dörfer aus. Labyrinthe von lehmigen Wegen, von Lehmmauern begrenzt. Die Spitzen der Obstbäume überragen sie. Hinter den Mauern eingeschlossen

befinden sich Gärten, verschlungen und wuchernd. Die geschlossene Welt der Familie. Manchmal ist die Tür offen, und eine Frau, das Gesicht zur Hälfte von einem Schleier bedeckt, wirft einen verstohlenen Blick in deine Richtung. Überrascht man sie bei ihrem Treiben, wenden sie sich ab – der Reiz des Sich-Abwendens. Ein hübsches breites Gesicht und funkelnde Augen. Die Vorbehalte von Tausenden von Jahren brechen zusammen, wenn man Medikamente dabeihat. Der Arzt bringt den Schleier zum Fallen.

Ein dunstiger, staubiger Tag. Helle Wolken platzen unter den Rädern hervor, werden vom Nordwind zurück in den Lastwagen geblasen. Die Männer ziehen dann nur das Ende ihres Turbans über die Nase und atmen einfach weiter. Wirbelnder Staub. Man kann nicht sehen. Man kann nicht atmen.

Die Straße führt vorbei an Steilufern, die aus dem Fluß herausgesprengt wurden. Die Berge sind heute morgen mit Nebel gestreift und verschmelzen mit dem grauen Himmel. Nur schwarze Felsvorsprünge ragen daraus hervor. Die Ebene erstreckt sich weit in die Ferne, hin und wieder sieht man kleine Flächen gelbbrauner Kornfelder mit runden Schobern und kleinere grüne Wiesenflächen, darauf vom Wasser herangetragene Flußsteine.

Das Gästehaus war ein niedriges weißes Gebäude – schwer zu entscheiden, ob es noch nicht fertiggebaut oder schon eine Ruine war. Im Waschraum stand ein wackeliger Tisch, einem englischen Frühstückstisch ähnlich, und es gab keine Tür zum Gang. Der Gestank drang ins Schlafzimmer. Das Schlafzimmer hatte Fenster an zwei Seiten, und auf dem Boden lagen drei Teppiche – zwei farbenprächtige Kelims und ein besserer, flauschiger Teppich, nicht so reizvoll wie die Kelims, aber weicher zum Schlafen.

Es standen drei Stühle herum. Auf einem konnte man sitzen, ohne daß er zusammenbrach. Sie verlangten 150 Afghanis pro Nacht von uns, doch als der Gouverneur kam, sagte er, wir seien seine Gäste. Die Soldaten in der Polizeistation ließen uns einen Kessel Wasser auf ihrem Feuer kochen. Ansonsten aßen wir kalte Speisen – Pastete und Ente, in Gläsern eingemacht. Elizabeth hatte sie aus England mitgebracht. Wir tranken Brandy. Es war ein Wunder, daß die Flasche die lange Reise überdauert hatte.

Um drei Uhr morgens wachte ich auf und sah ein Gesicht im Fenster. Das schmutzige Geschirr von unserem Abendessen klapperte im Spülstein. Einer der gescheckten Hunde wühlte im Abfall. Ich schrie etwas, und der Hund zog ab. Vielleicht war er durch das Fenster hereingekommen.

Wir wanderten. Vorbei an der freihängenden Brücke und dem Garten zu unserer Linken. Die Rucksackriemen schnitten mir in die Schulter. Vorbei an dem kleinen Dorf und einer Moschee mit ausgeschrägten Dachbalken. Weiter durch die offene Landschaft. Zunächst gab es Schatten, Schatten von Weidenreihen, und dann wurde er weniger, da die Weiden kleiner wurden. Das Wasser verdunstete. Nomaden lagerten neben den Stoppelfeldern. Elizabeth in ihren blauen Pumphosen folgte mir auf den Fersen, den Strohhut auf dem Kopf, ihr roter, chintzbedeckter Vogelkäfig schwankte im Wind. Wir marschierten auf der breiten offenen Straße, bis wir zur Zikkurat kamen und der Lastwagen auftauchte.

Nomadenlager auf dem Stoppelfeld. Neben den Zelten Zuchtstuten mit Fohlen. Ein Wald von Kamelbeinen, der die Berge heraufkommt. Schöne Pferde stampfen über die römische Straße, eine schwarzbraune mongolische Rasse. Zottige Ziegen wirbeln Staubwolken auf. Hochaufgerichtete Frauen mit dunklem Khol und grüne Segel in der grünen Luft. Die Buspassagiere beten und waschen sich.

Eine Kamelkarawane – das *rhythmische Schellengeläute* ist von großer Bedeutung, der Rhythmus der Schelle und die unverschleierten stolzen Mädchen, die sich im Takt ihrer schwankenden Sättel hin und her bewegen. Satteltaschen in prächtigen Farben. Die Reise als *Ritual*. An der Spitze ein schönes weibliches Kamel und ein alter Mann mit einem Stock. Das Kamel blieb aus irgendeinem Grund stehen und rührte sich erst wieder, nachdem man es besänftigt hatte. Der Gang des Kamels ist von osmotischer Geschmeidigkeit.

12. August

Heute morgen fürchterlich mit dem Polizisten gestritten, als er uns von einem Lastwagen, der zum Flughafen von Faizabad fuhr, herunterzerrte, weil wir den Jeep nicht bezahlen wollten. Sie logen und logen, sagten, der Jeep fahre nach Jurm, obwohl er nach Khanabad fuhr, dann stritten sie ab, daß er nach Khanabad fuhr, und behaupteten, er fahre zum Flughafen. Halsstarrig und unglaublich dumm. Ich war außer mir vor Wut.

Wir warteten am Flughafen auf eine Maschine, für die wir keine Plätze gebucht hatten.

Das Flugzeug war sehr voll. Eine Menge kleiner Kinder, Mädchen in schwarzen Kleidern, Babys mit eingefettetem, verfilztem Haar. Die meisten schrien. Die verschleierten Mütter versuchten sie zu beruhigen. Sie hielten die Babys in die Luft und ließen sie auf ihrem Schoß auf- und abhüpfen. Das Flugzeug hüpfte auf und ab, wenn es in Luftlöcher fiel, und sie schrien; wenn es trudelte, schrien die Babys noch mehr. Elizabeth drückte sich eng an mich, wenn der Pilot das Flugzeug wieder stabilisierte. Die Wachtel aß noch mehr Körner und versuchte, ein Staubbad zu nehmen.

Der Kokcha ist ein schmaler, gewundener Streifen Grau zwischen gelbbraunen Bergen. Wir nähern uns der Bergformation, die Leonardo erfunden haben könnte. Eine Flut von Felsen, perlweiß in der flimmernden Hitze. Kleine Dörfer, die in Flußtälern geometrische Muster bilden, Komplexe von Lehmziegelhäusern mit Innenhöfen. Nur wenige Obstgärten und schmale grüne Streifen kultivierten Landes. Die Landschaft ist aschgrau. Dort ein Baum auf dem Berg. Ein einzelner großer, einsamer Baum, Wachposten auf einer ausgedörrten Bergspitze. Niemand hat ihn dort angepflanzt. Ich frage mich, ob er durch Zufall oder lokalen Aberglauben erhalten geblieben ist. Badakhshan war einst ein bewaldetes Land. Und jetzt? Von oben betrachtet nichts als gelblicher Staub und die im Dunst schimmernden silbrigen Umrisse der Berge.

Weiche Landung, dachte ich. Und dann sah ich die Shakh-Tepe – auf dem Kamm der Bergkette aneinandergereihte große Erhebungen, Reitergräber.

Der Flughafen von Kundus. Der Bus brachte uns in die Stadt. Das Hotel. Lange Betongänge. In den Zimmern liegen grelle Kelims, die Bettgestelle sind aus Metall. Nichts zu trinken. Preßte Limonensaft in Wasser. Das Wasser könnt ihr trinken, sagten die

141

Frantzens. Wir trinken es nicht, ohne es zu jodieren. Wir tranken Limonensaft und dann geeisten Kaffee mit Limonensaft, eine scheußliche Mischung.

Elizabeth und ich gingen zum Essen in den Basar. Kemils in einem Restaurant im ersten Stock, Kamillentee und Porträts des Königs und der Königin, die eine Pelzstola über eine Schulter geschlungen hatte, und von der Königin von Iran mit einer Krone auf dem Haupt.

Ein Mann am Nebentisch aß ein Wassereis von grauer Farbe. Alle Sorten Wassereis sind grau in dieser Jahreszeit. Es wird aus Schnee gemacht. Im August ist der Schnee etwas alt und etwas grau. Der Junge, der den Tee kochte und das Kleingeld einsteckte, spielte eine Platte auf dem Grammophon. »Komisch, daß es nur eine Platte gibt«, sagte Elizabeth. Ich hätte gewettet, daß es einen ganzen Stapel gab. Es war sein Lieblingslied. Für mich hörte es sich an wie alle afghanische Musik.

Nach Badakhshan waren wir hingerissen vom Glanz und Glitzern von Kundus und dem Tempo dort. Tischdecken und Stühle aus Plastik. Ein Luxus nach den flohverseuchten Kelims auf dem Fußboden in Faizabad. Wieder sahen wir mit begehrlichen Blikken auf die Farben und das Glitzern. Bezahlten eine niedrige Rechnung und gingen hinaus zum Pferdebasar. Wir fanden eine flauschige Brücke, einen usbekischen Kelim, ein Stück Besatz und einen wunderschönen weißen Sack. »Ich muß den weißen Sack haben«, sagte Elizabeth, »ich werde ihn füllen und als Kissen benutzen.« »Einverstanden«, sagte ich.

Wollte Orangensaft und konnte nach einigen Mühen welchen auftreiben. Ging zurück und trank den Saft, nachdem ich noch einmal nach der Wachtel gesehen hatte. Ihre Kopffedern wachsen nach, und sie ist fetter.

13. August

Die Angestellten der Fluggesellschaft sprechen Englisch. Sie fluchen in amerikanischem Englisch. Ihre eigenen Flüche haben sie vergessen. Auch ihr gutes Benehmen haben sie vergessen. Der Fluglotse beugte sich zweimal vor, um eine von Elizabeths Gauloises zu stibitzen. Elizabeth blieben nicht mehr viele Gauloises, und sie brauchte sie. Sie verhinderte sehr energisch, daß ihr der Afghane noch mehr stibitzte.

Ich fragte den Steward, ob die Cholera in Herat vorüber sei. Er bejahte und fügte hinzu: »Für uns ist das etwas sehr Schlimmes. Sie kommt aus dem Iran.«

Herat

Das Hotel Bahzad ist unbeschreiblich schmutzig. Pfefferminzgrüner Anstrich, scheußliche rosarote Säulen und Tischplatten aus silberfarbigem Kunststoff. Zerfetzte Speisekarten. Die Kellner sind unglaublich schlampig und lächeln matt, ihr Haar ist zerzaust. Das Haschisch tut seine Wirkung. Die Langweiligkeit der *hashishim* – innere Visionen, die sich nicht mitteilen lassen.

Kundus ist ein gut funktionierendes Unternehmen. Herat nicht. Den Ausschlag gibt die Landwirtschaft.

Sehr komisches Abendessen. Das Park Hotel könnte bei näherem Hinsehen in Beaulieu-sur-Mer sein. Ein flaches Gebäude mit einer kreisförmigen Auffahrt, vom Wind zerzauste Kiefern und Zinnien im Garten. Beim Eintreten zerplatzt die Illusion. Speisezimmer: schleimgrüne, glänzende Kunst, ein niedriger Tisch, zwei Plastikstühle, drei russische Kühlschränke, einer der Marke Moskwa, die alle vor sich hin dröhnen. Einer dient zum Kühlen von Trinkwasser, der mittlere ist leer, der dritte ist auf traurige Abwege geraten, er wärmt, statt zu kühlen. Darin warme Bierdosen und ein Berg Marmelade auf einem Teller. Eine Ameisenkolonne zieht von der Gartentür über den roten Teppich in den warmen Kühlschrank zur Marmelade. Dreißiger-Jahre-Anrichten aus dem Ruhrgebiet. Elizabeth und ich sitzen beim Abendessen in einem Winkel. Elizabeth sagt, es komme ihr vor, als müßten wir in der Schule in der Ecke stehen. Sie lacht ihr ansteckendes Lachen. Ich lache. Der Kellner lacht, obwohl er nicht weiß, was wir so komisch finden.

14. August, Der Schrein von Ansari, Gazar Gah

Liegt in einem Garten. Vereinzelt weiße Rosen, Beete mit purpurroten Petunien, Gemüsebeete hinter gepflegten Buchsbaumhecken, Zypressen und Granatapfelbäume.

Der Iwan. Die Timuriden-Renaissance – Restauration auf Befehl von Schah Rukh. Blauweiße Rauten. Die beiden Seitenwände mit helltürkisfarbenen und dunkelblauen Reliefverzierungen (aus der Zeit der chinesischen Botschaften). Das Zentrum ist olivgrün und ockerfarben. Im zentralen Iwan ein gewölbtes Firmament, blaue Sterne auf einem orangeroten Himmel. Zoroastrisches Überleben. Ansari-Mausoleum mit grüngestrichenem Lattenzaun. Verzierte kufische Balustrade aus weichem weißen Marmor. Kleine Pistazienbäume. Rote und grüne Gebetsfahnen. Betende Soldaten.

Ein alter Mann liegt im Schatten. Frauen in wogendem Blau gehen vorbei. Weiße Turbane und weiße marmorne Grabplatten. An den verschlungenen Zweigen der knorrigen Kiefer hängen unzählige Zapfen. Im Baum stecken die Nägel der Gläubigen. Schürfwunden der Andacht. Ein heftiger Wind pfeift durch die Kiefern und Heckenrosen. Flechtwerk und blaue Teppiche liegen auf dem Fliesenboden. Auf einem Grab ein gehörntes Schaf – der Widder des Glaubens. Achteckiges cremefarbenes Gästehaus mit grünen Fensterläden. Eine große bedrohliche Hornisse biegt ihren abstoßenden Leib auf einer weißen Marmorrose, die eine Inschrift verziert.

Ich wandere durch den Basar. Wasserkrüge in der untergehenden Sonne, hellblaue Kacheln, Dhurrie-Teppiche auf dem Kopfsteinpflaster. Die Ruine der Zitadelle, blaue und braungelbe Kacheln, schwebt über der Lehmziegelstadt. Die schwarzen und weißen Fäden der Turbanweber, die zu den Spulen führen. Eine überdachte Zisterne – der Wasserträger des Krankenhauses sagt, die Cholera sei vorüber. Überdachter Basar. Glänzende Bettgestelle und Steppdecken werden verkauft. Hier herrscht turkmenischer Einfluß, und den Teppichen und Stoffen mangelt die Feinheit usbekischer Weberei, die Komplexität der heraldischen Muster.

Essen in einem mit Wandteppichen behängten Restaurant:

1 Von girlandengeschmückten Booten aus baden Nymphen zwischen Wasserlilien. Schwäne stehen Schlange, um sie zu beglücken. Vollmond. Verblühte Blumenrabatte am Ufer.

2 Mutter und Sohn. Im Stil von Tausendundeinernacht. Mutter mit Dekolleté hält den Sohn auf dem Schoß. Pfauenthron im Hintergrund. Nackte Huri läßt eine Puppe vor dem Kind baumeln, dessen Gesicht unendliche Langeweile ausdrückt. Affe spielt Tamburin auf einem Tigerfell. Topfpalme. Papageienkäfig und eine andere Huri, die das Sorbet bringt.

3 Elefant tröstet Tiger in einem Pseudo-Dschungel. Dunkler pflaumenblauer Hund. Blaugrüne Bananenstauden.

15. August, Herat

9.15. Sitze im sogenannten Mausoleum von Gohar Shad und esse eine kleine köstliche Melone. Gerippte grüne Explosion unter der melonenförmigen Kuppel. Unvorstellbar, daß Kunst hier die Natur nicht nachahmt.

Dicke, makellose, glänzende Lasur – das Bernsteingelb ist durchscheinend wie echter Bernstein. Die Verbindung dieser leuchtenden Lasuren mit kaum gebrannten ockerroten Ziegeln ist ein wahrer Triumph, denn sie bedeutet, daß die überschwengliche Fülle der Dekoration aufgelockert ist.

Weiße Blüten mit grünem Mittelpunkt – Gelb mit Türkis. Blütenblätter, im Sechseck angeordnet. Drei sukzessive Kuppeln wie übereinandergeschichtete Bienenkörbe. Nischen mit stilisierten Blumenmustern. Zehneckige Balustrade genau wie beim Ansari-Schrein. Schimmerndes Gold.

Heiligengräber. Halbzylinder aus groben weißen Marmorplatten, von einer Balustrade gesichert. Steine aus Marmor und Basalt auf den Gräbern, auf denen uralte Bäume mit breiten Ästen wachsen, Kiefern und weiße Feigenbäume, graugrüne Blätter, die den weißlichblauen Schatten tüpfeln. Kinder, die ihre Lektion im Chor aufsagen. Milane, wie in den Himmel gezaubert. Symbolik der Gebetsfahnen, die an den tiefhängenden Ästen der Bäume befestigt sind, rötlichgelb, blau und grün. Die Leiche des Heiligen wirft lebenspendenden Schatten.

Vorhergehende Seiten: Tschadors in Afghanistan
Oben: Bergziegen, Nepal

Fleischerladen, Herat, Afghanistan
Nächste Seiten: Buddhistische Fresken,
Bamaiyan, Afghanistan

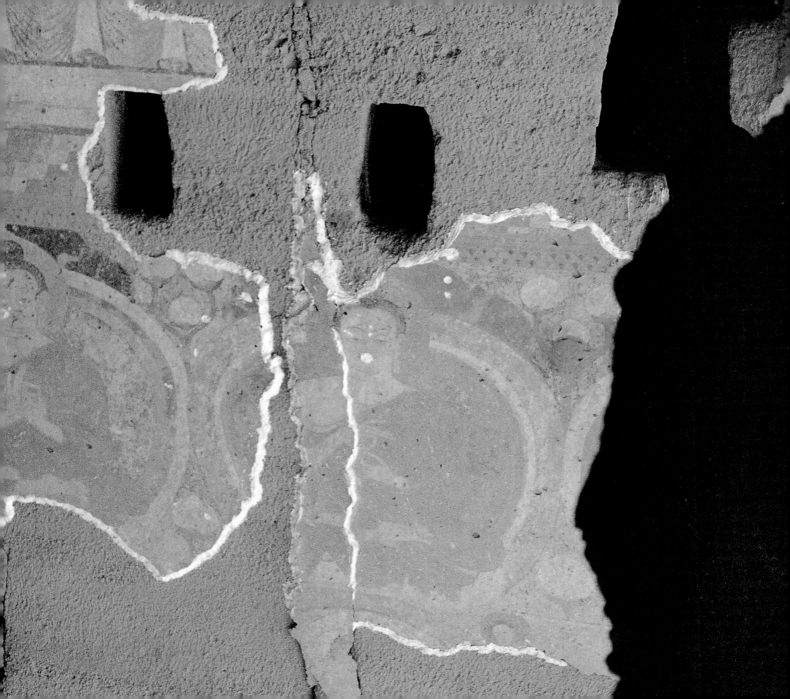

Swat, Pakistan

Muslimische Frauen vor einem Schrein, Pakistan
Nächste Seiten: Bodnath-Stupa, Katmandu, Nepal

Fledermaushöhle, Java

Rechts: Nepal
Nächste Seite: Gebetsfahnen in Khumbu, Nepal

Lahore, Pakistan:
Dekorative Fliesenwand

Das Kloster von Simonopetra, Berg Athos, Griechenland

Jungfrau Maria,
Griechenland

Verlassene russisch-orthodoxe Kirche

Verlassene russisch-
orthodoxe Kirche:
Der Altar

Der Evangelist Johannes

Details von Heiligengewändern auf einer Ikone aus dem 15. Jahrhundert, Tretjakow-Galerie, Moskau

Detail des Gewandes des Metropoliten Alexei von Moskau aus dem 15. Jahrhundert, Tretjakow-Galerie, Moskau

Der Engel erscheint den Hirten: Fresko aus dem 19. Jahrhundert

Oben und nächste Seiten: Kardamili, Mani, Griechenland

Bruce Chatwin in Kardamili, 1985
Photo: Elizabeth Chatwin

Ein überwältigendes Zeugnis von Leben und Kultur mittlerweile untergegangener Völker

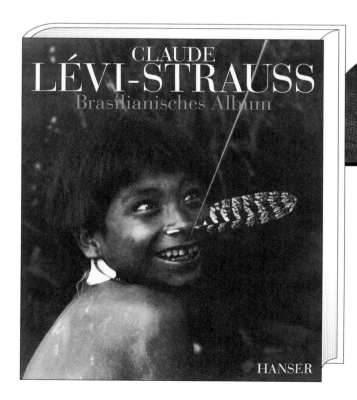

Während seiner Arbeit an den *Traurigen Tropen* fotografierte Lévi-Strauss die indianische Bevölkerung des brasilianischen Amazonasgebietes. In ihrer Schönheit und Glaubwürdigkeit dokumentieren dieses Aufnahmen die Lebenskultur mittlerweile untergegangener Völker und bleiben das Vermächtnis eines großen Gelehrten, der gegen die Zerstörung den »Regenbogen der menschlichen Kulturen« bewahren will.

Aus dem Französischen von Hans-Horst Henschen.
224 Seiten mit 186 Fotografien. Gebunden, Fadenheftung